线装中华国粹

尚书

胡亚军◎译注

二十一世纪出版社集团
21st Century Publishing Group

前 言

《尚书》，又称《书》或《书经》，它记载了自尧舜到夏商周两千多年的历史事件。其内容大多是商周时期的政治文件。

《尚书》名称向来有多种解释，一种说法认为“尚”指上古，《尚书》就是“上古的书”；另一种说法认为“尚”指尊崇，《尚书》就是“人们尊崇的书”；还有一种说法认为“尚”指君上。虽然没有定论，但是我们姑且可以认为《尚书》就是上古时期人们所尊崇的记录君臣治国言论的书。

《尚书》所录的文体，大致有典、谟、训、诰、誓、命六种体式。“典”是重要史实或专题史实的记载，“谟”是记君臣谋略的，“训”是臣开导君主的话，“诰”是勉励的文告，“誓”是君主训诫士众的誓词，“命”是君主任命官员或赏赐诸侯的册命。

由于《尚书》成书年代较早，散佚非常严重。自汉初以来，就有今文、古文两种不同的传本。大约在先秦时期，《尚书》已有定本，但秦始皇统一中国后，颁布“焚书令”，《尚书》抄本几乎全部被焚毁。汉初开始重视儒学，由济南伏生口授、用汉代隶书书写的《尚书》，共28篇，人们称之为今文《尚书》。汉武帝在位时设置太学，在太学内有专门的今文《尚书》博士，此时今文《尚书》占据了官学的地位。汉武帝以后，人们又陆续从孔子故宅的墙壁中和民间发现一些蝌蚪文书写的《尚书》，称之为古文《尚书》。古文《尚书》经过孔子后人孔安国的整理，篇目比今文《尚书》多16篇。

在西晋永嘉年间的战乱中，今、古文《尚书》再次散佚。东晋初年，豫章内史梅赜给朝廷献上了一部《尚书》，包括今文《尚书》33篇、古文《尚书》25篇，同时献上据说是汉代孔安国写的《尚书传》。东晋时把这部《尚书》列于学官，影响很大。到唐太宗时，孔颖达和陆德明根据梅赜所献本分别作了《尚书正义》与《经典释文》。于是这个本子就成了官府的标准本，以后又收入到《十三经注疏》中，广为流行。

而到了南宋初年，朱熹等学者开始怀疑梅赜这部《尚书》，认为其中多处文辞不似先秦用语。到明清时，梅鷟作了《尚书考异》，阎若璩作了《古文尚书疏证》，都认为梅赜的《尚书》是伪书。这样，梅赜的古文《尚书》基本就被定为了伪书。

关于今、古文《尚书》的辨伪问题，一直是学术界广泛讨论的课题。现当代有一些学者开始为古文《尚书》正名，认为它并不是伪书，其中当以张岩为代表。他在前人的基础上，从各个角度驳斥阎若璩等人辨伪古文《尚书》中出现的问题，论证有理有据，不容忽视。2008年，清华大学得到了一批楚地出土的战国时代简册，其中有多篇《尚书》残卷。通过对“清华简”的修复和研究，李学勤、刘国忠等人认为根据简册中的《尚书》篇目可以证明梅赜本《尚书》是伪作。然而对于“清华简”的真假，学界又有不同的看法。所以，关于今、古文《尚书》的辨伪，学者还将进一步探索与研究，并不能简单地得出定论。

现在我们通行的《十三经注疏》本《尚书》，是今文《尚书》与梅赜所献的古文《尚书》的合编本，共58篇，即《虞书》5篇、《夏书》4篇、《商书》17篇、《周书》32篇。

目录

周书

尚书序

原　文

古者伏牺氏[1]之王天下也，始画八卦，造书契[2]，以代结绳[3]之政，由是文籍生焉。

伏牺、神农、黄帝之书[4]，谓之“三坟[5]”，言大道也；少昊、颛顼、高辛、唐、虞之书[6]，谓之“五典”，言常道也。至于夏、商、周之书，虽设教不伦[7]，雅诰[8]奥义，其归一揆[9]。是故历代宝之[10]，以为大训[11]。八卦之说，谓之“八索[12]”，求其义也。九州岛之志[13]，谓之“九丘”。丘，聚也。言九州岛所有，土地所生，风气所宜，皆聚此书也。《春秋左氏传》[14]曰：“楚左史倚相能读三坟、五典、八索、九丘。”即谓上世帝王遗书也。

先君孔子，生于周末，睹史籍之烦文[15]，惧览之者不一，遂乃[16]定《礼》《乐》，明旧章，删《诗》为三百篇，约史记而修《春秋》[17]，赞《易》道以黜[18]“八索”，述《职方》[19]以除“九丘”。讨论坟典，断自唐虞以下，迄[20]于周，芟夷[21]烦乱，剪截浮辞[22]，举其宏纲[23]，撮其机要[24]，足以垂世[25]立教，典、谟、训、诰、誓、命之文凡百篇[26]，所以恢弘[27]至道，示人主以轨范[28]也。帝王之制，坦然[29]明白，可举而行，三千之徒并受其义。

注　释

①伏牺氏：即伏羲氏。古代传说中的三皇之一，风姓，又称“太昊”。

②书契：指文字。

③结绳：在文字产生以前古人用绳子结扣来记事，相传大事打大结，小事打小结。

④神农：古代传说中的三皇之一。始教民为耒耜，务农业，故称神农氏。又传他曾尝百草，发现药材，教人治病。也称炎帝。黄帝：古代传说中的三皇之一。少典之子，姓公孙，居轩辕之丘，故号轩辕氏。又居姬水，故改姓姬。建都于有熊，亦称有熊氏。

⑤坟：大。三坟：指三皇之道至大。

⑥少昊：亦作“少皞”，上古五帝之一。名挚，一作“质”，号金天氏。颛顼（Zhuān Xū）：上古五帝之一。黄帝之孙，年十岁，佐少昊，二十即帝位，在位七十八年。高辛：即帝喾，上古五帝之一。初受封于辛，后即帝位，号高辛氏。唐：指唐尧，上古五帝之一。帝喾次子，其号曰尧，史称唐尧。虞：指虞舜，上古五帝之一。姓姚，名重华，因其先国于虞，故称虞舜。

⑦伦：类似。

⑧雅诰：雅正的文告、训诫。

⑨归：归宿。这里指旨归。揆：准则，原则。

⑩是故：因此，所以。宝：珍爱，珍视。

⑪大训：先王圣哲的教言。

⑫索：寻求，探索。

⑬志：记事的文章。

⑭《春秋左氏传》：简称《左传》，相传是春秋末期鲁国史官左丘明所著。是为《春秋》作注解的一部史书，与《春秋公羊传》《春秋穀梁传》合称“春秋三传”。

⑮烦文：指文字冗杂而寡要。

⑯遂乃：于是就。

⑰约：简明，简要。史记：记载历史的书。

⑱赞：明白。黜：废除，取消。

⑲《职方》：《职方》在《周礼·夏官》，亦武帝时出于山岩屋壁，即藏秘府，世人莫见。

⑳迄（qì）：到，至。

㉑芟（shān）夷：裁减，删削。

㉒浮辞：虚浮不实的话。

㉓宏纲：大纲，主旨。

㉔撮（cuō）：摘要，摘取。机要：精义，要旨。

㉕垂世：流传于世。

㉖典、谟、训、诰、誓、命：《尚书》中的各种文体。典：重要的文献、典籍，特指五帝之书。谟：计谋，谋略。训：说教，教导。诰：帝王告诫诸侯之文。誓：古代告诫将士的言辞。命：命令，政令。

㉗恢弘：发扬。

㉘轨范：规范，楷模。

㉙坦然：显然。

译文

古代伏羲氏统治天下时，开始画八卦，造文字，来代替打绳结记事的方法，从此以后文章典籍就产生了。

伏羲、神农、黄帝时写成的书，叫作“三坟”，说的是大道理。少昊、颛顼、高辛、唐、虞时写成的书，叫作“五典”，说的是一般的道理。等到了夏、商、周三代时写成的书，虽然设置的教化与先王的不一样，但他们雅正的训诫、深奥的义理，其中的宗旨与先王时的标准是相同的。因此历代的君主都珍视这些典籍，把它们作为最重要的训诫教条。论说八卦的文章，叫作“八索”，意思是寻求它的含义。记载九州岛的志书，叫作“九丘”。丘，是聚集的意思。说的是九州岛境内所有的事物、土地上所生长的草木、风土气候所适宜居住的情况，都聚集在这本书中。《春秋左氏传》中说：“楚国的左史倚相能够阅读三坟、五典、八索、九丘。”说的就是上古时的帝王留下来的书籍。

我的祖先孔子生于周代末期，看到史籍中繁复杂乱的记载，担心阅读的人不能看到统一的文字，于是就修定了《礼》《乐》，使以前的文章清楚明白；删定《诗经》为三百篇，提炼史料记载而整理成《春秋》；阐明了《周易》的道理而废除了“八索”，修纂了描述疆土地理的《职方》而废除了“九丘”。整理三坟五典，断代从唐尧、虞舜之后，截止于周朝。删除那些繁杂混乱的内容，减掉那些浮夸虚妄的言辞，列举出其中主旨，摘取其中最关键的部分，选择了其中足够流传后世，树立教化的典、谟、训、诰、誓、命六类文章总共一百篇，这些是用来发扬最深刻的道理，向君主显示模范准则的。书中记载的帝王制度，清楚明白，可以实行，三千弟子都能接受其中的教义。

原　文

及秦始皇灭先代典籍，焚书坑儒，天下学士逃难解散，我先人用①藏其家书于屋壁。汉室龙兴②，开设学校，旁求儒雅③，以阐大猷④。济南伏生，年过九十，失其本经，口以传授，载二十余篇。以其上古之书，谓之《尚书》。百篇之义，世莫得闻。至鲁共王好治⑤宫室，坏孔子旧宅以广其居，于壁中得先人所藏古文虞夏商周之书及传⑥、《论语》《孝经》，皆科斗文字⑦。王又升⑧孔子堂，闻金石丝竹⑨之音，乃不坏宅，悉以书还孔氏。科斗书废已久，时人无能知者，以所闻伏生之书考论文义，定其可知者为隶古定⑩，更以竹简写之，增多伏生二十五篇。伏生又以《舜典》合于《尧典》，《益稷》合于《皋陶谟》，《盘庚》三篇合为一，《康王之诰》合于《顾命》，复出此篇并序，凡五十九篇，为四十六卷。其余错乱摩灭⑪，弗可复知，悉上送官，藏之书府，以待能者。

承诏⑫为五十九篇作传，于是遂研精覃思⑬，博考经籍，采摭⑭群言，以立训传。约文申义⑮，敷畅厥旨⑯，庶几[17]有补于将来。

《书》序，序[18]所以为作者之意。昭然[19]义见，宜相附近[20]，故引之各冠[21]其篇首，定五十八篇。既毕[22]，会国有巫蛊事[23]，经籍道息[24]，用不复以闻，传之子孙，以贻[25]后代。若好古博雅君子与我同志[26]，亦所不隐也。

注 释

①用：因此。

②龙兴：比喻新王朝的兴起。

③旁求儒雅：指四处寻求博学的儒士。

④大猷（yóu）：指治国大道。

⑤治：修筑。

⑥传：注释或阐述经义的文字。

⑦科斗文字：即蝌蚪文，古代字体之一。以其笔划头圆大尾细长，状似蝌蚪而得名。

⑧升：登，上。

⑨金石丝竹：指钟、磬、琴瑟、箫管四类乐器。亦泛称各种乐器。

⑩隶古定：指以隶书考校写定古篆文。

⑪摩灭：磨损消灭，消亡。摩：通“磨”。

⑫承诏：奉诏旨。

⑬覃（tán）思：深思。

⑭采摭（zhí）：采集摘录。

⑮约文申义：用简明的文字申明文章的意义。

⑯敷畅厥旨：铺陈疏通经文的旨趣。敷：铺展，铺开。厥：其，它的。

⑰庶几：或许，也许。

⑱序：叙述，叙说。

⑲昭然：显而易见。

⑳宜相附近：指应该与各篇正文互相靠近，放在一起。宜：应该。附近：接近，靠近。

㉑冠：加在前头。

㉒既毕：已经结束后。既：已经。毕：完毕，结束。

㉓会：恰巧，正好。巫蛊：汉时迷信，以为用巫术诅咒和用木偶人埋地下，可以害人，称为“巫蛊”。汉武帝时因巫蛊引起了一场统治者内部的斗争。

㉔息：停止，停息。

㉕贻：遗留。

㉖同志：志趣相同，志向相同。

译文

等到秦始皇毁灭先代的典籍，焚烧书籍、活埋儒者时，天下的有学之士都逃难并离散了，我的祖先因此把家里的书籍都藏在房屋的墙壁中。汉朝建立后，开设学校，四处寻求博学的儒士，来阐述古籍中的治国之道。济南的伏生，年纪过了九十岁，因为失去了经书原本，就口头传授，记下来二十多篇。因为这是上古时候的书，就称为《尚书》。而孔子编定的全本一百篇的大义，世上没有谁能够知晓。直到鲁共王时喜好修建宫室，拆毁了孔子旧宅来扩大自己的居所，在墙壁中得到了我先人所藏的古代文籍，有虞夏商周时候的原书和传注，还有《论语》《孝经》等，都是用蝌蚪文书写的。共王又进入到孔子旧宅的正堂，听到金石丝竹等乐器奏出的音乐，才停止毁坏宅院，把这些书籍都归还给了孔氏后人。蝌蚪文字废除已经很久了，当时的人们没有谁能看得懂，用从伏生那里听到的书去考察整理这些蝌蚪文字的意义，把其中能看懂的部分确定下来后翻译成隶书，再书写在竹简上，比伏生口授下来的多了二十五篇。伏生又把《舜典》合并在《尧典》中，《益稷》合并在《皋陶谟》中，《盘庚》三篇合并成一篇，《康王之诰》合并在《顾命》中。再把这些篇目分离出来，加上序，总共五十九篇，分为四十六卷。其余篇目错乱散佚，文字磨灭，无法再读懂，全部送进官府，藏在书库中，等待能看懂的人去解释。

我奉皇帝的诏令为这五十九篇文章作传，于是就精心研究、深切思虑，广泛地考察各种经书，采纳各家的言论，来写成传文。用简明的文字申明文章的意义，铺陈疏通经文的旨趣，也许可以对以后的学者有些补益吧。

《尚书》的序，是叙述作者之所以写这些文章的意图。含义清楚明白地表现出来，应该把它们与各篇正文放在一起，所以援引各条序文放在每篇文章的前面，定为五十八篇。完成之后，恰好碰到国内发生巫蛊事件，君主提倡经籍的想法中止了，因此没有把这本传文上奏朝廷，只把它传给子孙，遗留给后代。如果有喜好古籍、学问广博的君子和我的志向相同，我也不会隐瞒这本传文。

虞书

尧典第一

原　文

昔[1]在帝尧，聪明文思[2]，光宅[3]天下。将逊[4]于位，让于虞舜，作《尧典》。

曰若稽古[5]，帝尧曰放勋，钦明文思安安[6]，允恭克让[7]，光被四表[8]，格[9]于上下。克明俊德[10]，以亲九族[11]。九族既睦[12]，平章[13]百姓。百姓昭明，协和万邦[14]。黎民于变时雍[15]。

乃命羲和[16]，钦若昊天[17]，历象[18]日月星辰，敬授民时[19]。分命羲仲，宅嵎夷[20]，曰旸谷[21]。寅宾[22]出日，平秩东作[23]。日中[24]，星鸟[25]，以殷仲春[26]。厥民析[27]，鸟兽孳尾[28]。申[29]命羲叔，宅南交[30]。平秩南讹[31]，敬致[32]。日永[33]，星火[34]，以正仲夏。厥民因[35]，鸟兽希革[36]。分命和仲，宅西，曰昧谷[37]。寅饯纳日[38]，平秩西成[39]。宵中[40]，星虚[41]，以殷仲秋。厥民夷[42]，鸟兽毛毨[43]。申命和叔，宅朔方[44]，曰幽都[45]。平在朔易[46]。日短[47]，星昴[48]，以正仲冬。厥民隩[49]，鸟兽氄[50]毛。帝曰："咨[51]！汝羲暨[52]和。期三百有六旬有六日[53]，以闰月定四时[54]，成岁。允厘[55]百工，庶绩咸熙[56]。"

注　释

①昔：以前，从前。

②聪明：指视听灵敏，引申为智慧才智。文思：指才智与道德。

③光宅：广有。曾运乾《尚书正读》："光，犹广也。宅，宅而有之也。"

④逊：辞让，退让。

⑤曰若：又作"越若"、"粤若"，发语词。用于句首。稽古：考察古事。稽：考核，核查。

⑥钦明：敬肃明察。钦：敬佩，恭敬。安安：温和的样子。

⑦允恭克让：诚实、恭敬又能够谦让。允：诚信。克：能。让：谦让。

⑧被：盖，遮覆。四表：指四方极远之地，亦泛指天下。表：外部，外面。

⑨格：来到，到达。

⑩俊德：才德杰出。

⑪九族：指以自己为中心，上推至四世之高祖，下推至四世之玄孙。

⑫既：已经。睦：和好，亲近。

⑬平章：辨别彰明。平：通"辨"，辨别。章：通"彰"，彰明。

⑭万邦：众氏族部落。后引申为天下、全国。

⑮黎民：民众，百姓。黎：假借为"齐"，众多。于：相当于"以"，因为。时雍：指和谐。时：通"是"，善，好。雍：和谐。

⑯羲和：羲氏和和氏的并称。

⑰若：顺从。昊天：苍天。昊：广大无边的样子。

⑱历象：推算观测天体的运行。历：审视，推算。象：描绘。

⑲民时：指有关耕获的时令节气。亦指历法。

⑳宅：居住。嵎（yú）夷：古代指山东东部滨海地区。

㉑旸（yáng）谷：古代称太阳升起之地。

㉒寅宾：恭敬导引。寅：敬。宾：通"傧"，接引客人，用宾客的礼节相待。

㉓秩：秩序，次序。东作：指太阳东升的时刻。

㉔日中：指春分、秋分。因为春秋分时白昼的长短与夜中分。

㉕星鸟：指南方朱鸟七宿。

㉖殷：正。决定，考定。仲春：春季的第二个月。仲：时序、位

次居中的，特指每季的第二个月。

㉗厥：其。析：分开。

㉘孳（zī）尾：动物交配繁殖。后多指交尾。

㉙申：又，再。

㉚南交：指交趾。古地区名，泛指五岭以南。

㉛南讹：指太阳向南运行的轨迹。讹：变化。

㉜敬致：恭敬地迎接太阳回转。

㉝日永：指夏至。夏至这一天白昼最长，故称。

㉞星火：指苍龙七宿的心宿。

㉟因：依，就。这里指就高处居住。

㊱希革：指鸟兽毛羽稀少。

㊲昧谷：古代传说西方日入之处。

㊳饯：送行。纳日：指落日。

㊴西成：指太阳西落的时刻。

㊵宵中：指昼夜长短相等。这里指秋分。

㊶星虚：指玄武七宿的虚宿。

㊷夷：平地。

㊸毨（xiǎn）：形容毛羽更生、齐整的样子。

㊹朔方：北方。

㊺幽都：即幽州。

㊻在：察。朔易：指太阳向北运行的轨迹。

㊼日短：指冬至。冬至这一天白昼最短，故称。

㊽星昴：指白虎七宿的昴宿。

㊾隩：通“奥”，深。这里指室内。

㊿氄（rǒng）：鸟兽贴近皮肤处的细而软的羽毛。

51咨：表示赞赏，相当于“啧”。

52暨（jì）：和，与。

53期：一周年。旬：十日为一旬。

54闰月：农历一年较回归年相差约十日二十一时，故须置闰，即三年闰一个月，五年闰两个月，十九年闰七个月。每逢闰年所加的一个月叫闰月。最初放在岁末，称“十三月”或“闰月”；后加在某月之后，称“闰某月”。四时：指四季。

⑤⑤允厘：指治理得当。

⑤⑥庶绩咸熙：指各种事业都能兴盛起来。庶：众。绩：功业，事业。咸：皆，都。熙：兴起，兴盛。

译文

从前的帝王尧，聪明异常，才智非凡，拥有广阔的天下。后来，他打算让出君位，禅让给虞舜。史官记录了这件事，作了《尧典》。

考察以前的事情，帝王尧的名字叫放勋，他处理政务敬肃明察，才思敏捷，温和宽容，为人诚信，做事勤奋，待人谦和，光辉普照天下，到达上下各地。他能够彰显美好的德行，来使九族内的亲人和睦相处。九族和睦之后，辨明百官的善恶。百官的善恶明白了，就调和各国的关系。天下众人因此就变得友好和善了。

于是就命令羲氏与和氏，恭敬地顺从上天，推算观测日月星辰的运行规律，慎重地把天时教授给百姓。另外命令羲仲居住在东部滨海地区的旸谷，恭敬地迎接日出，来辨明太阳东升的时刻。春分这一天，朱雀七宿黄昏时位于正南方，从而来确定春季的第二个月。这时民众都分散在田地里，禽鸟野兽开始交配繁殖。再命令羲叔居住在南方的交趾地区，来辨明太阳向南运行的轨迹，恭敬地迎接太阳回转。夏至这一天，苍龙七宿中的心宿黄昏时位于正南方，从而来确定夏季的第二个月。这时民众都居住在高处，禽鸟野兽的毛变得稀疏。另外命令和仲居住在西边的昧谷，恭敬地送别日落，来辨明太阳西沉的时刻。秋分这一天，玄武七宿中的虚宿黄昏时位于正南方，从而来确定秋天的第二个月。这时民众又居住到平地上，禽鸟野兽开始换毛。又命令和叔居住在北边的幽都，来辨明太阳向北运行的轨迹。冬至这一天，白虎七宿中的昴宿黄昏时位于正南方，从而来确定冬季的第二个月。这时民众居住在屋子里，禽鸟野兽长出细软的毛。尧帝说："啧！你们羲氏与和氏，一整年三百六十六天，用闰月来确定四季，构成一年。合理地规定好百官的职守，这样各种事业就都能兴盛起来了。"

原　文

帝曰："畴咨若时登庸[①]？"放齐[②]曰："胤子朱启明[③]。"帝曰："吁[④]！嚚讼[⑤]可乎？"

帝曰："畴咨若予采[⑥]？"驩兜[⑦]曰："都[⑧]！共工方鸠僝功[⑨]。"帝曰："吁！静言庸违[⑩]，象恭滔天[⑪]。"

帝曰："咨！四岳[⑫]，汤汤洪水方割[⑬]，荡荡怀山襄陵[⑭]，浩浩滔天[⑮]。下民其咨，有能俾乂[⑯]？"佥[⑰]曰："於[⑱]！鲧[⑲]哉。"帝曰："吁！咈[⑳]哉，方命圮族[㉑]。"岳曰："异哉！试可乃已。"帝曰："往，钦哉！"九载，绩用弗成。

帝曰："咨！四岳。朕在位七十载，汝能庸命[㉒]，巽[㉓]朕位？"岳曰："否德忝帝位[㉔]。"曰："明明扬侧陋[㉕]。"师锡帝曰[㉖]："有鳏[㉗]在下，曰虞舜。"帝曰："俞[㉘]，予闻，如何？"岳曰："瞽[㉙]子。父顽[㉚]，母嚚，象[㉛]傲，克谐。以孝烝烝[㉜]，乂不格奸。"帝曰："我其试哉！女于时[㉝]，观厥刑[㉞]于二女。"厘降二女于妫汭[㉟]，嫔[㊱]于虞。帝曰："钦哉！"

注　释

①畴咨若时登庸：谁能顺应天时被提拔任用。畴：谁。若：顺从。登：上，升。庸：任用。

②放齐：人名，尧的臣子。

③胤（yìn）：子孙，后裔。朱：指尧的儿子丹朱。启明：开明，通达事理。

④吁：叹词，表示惊疑。

⑤嚚（yín）讼：奸诈而好争讼。嚚：奸诈。

⑥采：古代指官。

⑦驩（huān）兜：中国古代传说中的三苗族首领，传说因为与共工、鲧一起作乱，而被舜流放至崇山。

⑧都：语气词，表赞美。

⑨共工：尧的大臣。与驩兜、三苗、鲧并称“四罪”，被尧流放于幽州。方鸠僝（zhuàn）功：指在广泛聚集民众方面已经显现了一定的功效。方：通“旁”，遍，广。鸠：聚集，使聚在一起。僝：显现。

⑩静言庸违：说话好听，做事邪僻。静言：巧饰之言。庸违：用意邪僻。

⑪象恭滔天：看似恭敬，其实却轻慢君主。象：形状，样子。滔：通“慆”，怠慢，轻慢。

⑫四岳：指尧时分管四方的诸侯。

⑬汤（shāng）汤：水流盛大的样子。下文的“荡荡”、“浩浩”均形容水势浩大。割：灾害。

⑭怀山襄陵：包围山岳，漫过丘陵。怀：包围。襄：仰，上举。陵：大土山。

⑮滔天：弥漫天际。形容水势极大。

⑯俾乂（bǐ yì）：把……治理好。俾：使，把。乂：治理，安定。

⑰佥（qiān）：皆，都。

⑱於：表示感叹。

⑲鲧（gǔn）：古人名，夏禹的父亲。

⑳咈：违逆，乖戾。

㉑方：通“放”，放弃。圮（pǐ）族：毁害族类。圮：伤害。

㉒庸命：即用命，指顺应天命。

㉓巽：履行。

㉔否：通“鄙”，鄙陋。忝（tiǎn）：辱，有愧于，常用作谦辞。

㉕明明：明察贤明尊贵之士。扬侧陋：举荐所居之处遥远偏僻、地位低下却贤德的人。扬：举。侧陋：处在僻陋之处的贤人或卑贱的贤者。

㉖师：众人，大家。锡：通“赐”，给予。这里指进言。

㉗鳏（guān）：无妻或丧妻的男人。

㉘俞：文言叹词，相当于“然”。表示应答或肯定。

㉙瞽（gǔ）：盲人。

㉚顽：头脑迟钝，愚蠢。

㉛象：人名，舜的弟弟。

㉜烝（zhēng）烝：形容德业厚美。

㉝女于时：把女儿嫁给他。时：通“是”，指代他。这里指舜。

㉞刑：通“型”，法式，典范。

㉟厘降：指王女下嫁。厘：饬命令。妫汭（guī ruì）：妫水隈曲之处。传说舜居于此。汭：河流汇合的地方或河流弯曲的地方。

㊱嫔：指帝王的女儿出嫁。

译文

尧帝说：“唉！谁能顺应天时被提拔任用呢？”放齐说：“您的子嗣丹朱通达事理。”尧帝说：“哎！他奸诈而好争讼，可以吗？”

尧帝说：“啧！谁善于治理官务呢？”驩兜说：“啊！共工在广泛聚集民众方面已经显现了一定的成效。”尧帝说：“唉！他说话好听，做事却违背命令，看似恭敬，事实上却轻慢君主。”

尧帝说：“唉！四方的诸侯长官，广阔的洪水四处危害民众，水势浩大淹没了山陵，几乎近于天际。在下的民众都哀叹不止，有谁能够治理好吗？”大家都说：“啊！鲧可以吧！”尧帝说：“唉！他背离百姓，放弃教令，损害族人。”诸侯长官们说：“不是这样吧！让他试试看，不行就算了。”尧帝说：“去吧，鲧！要谨慎办事啊！”花了九年时间，鲧治水没有取得功效。

尧帝说：“唉！四方的诸侯长官，我做君主七十年了，你们谁能顺应天命，取代我的帝位？”诸侯长官们说：“我们品德浅陋，不配登上帝位。”尧帝说：“明察身边显贵官员中贤良的人，举荐遥远偏僻、地位低下却贤德的人。”众人向尧帝进言说：“民间有个年老而没有妻子的人，叫作虞舜。”尧帝说：“是的，我听说过，他的为人怎么样？”诸侯长官们说：“他是瞽瞍的儿子。他的父亲愚笨迟钝，母亲奸诈多言，弟弟象骄横傲慢，而舜能与他们和睦相处。因为他至纯至孝，治理家事不流于奸邪。”尧帝说：“我还是试试他吧！我把两个女儿嫁给他，让这两个女儿去观察他的品行。”于是尧让两个女儿下嫁到妫水拐弯的地区，给舜做妻子。尧帝说：“要谨慎办事啊！”

舜典第二

原　文

虞舜侧微[1]，尧闻之聪明，将使嗣[2]位，历[3]试诸难，作《舜典》。

曰若稽古，帝舜曰重华，协[4]于帝。浚哲文明[5]，温恭允塞[6]。玄德[7]升闻，乃命以位。慎徽五典[8]，五典克从。纳于百揆[9]，百揆时叙[10]。宾[11]于四门，四门穆穆[12]。纳于大麓[13]，烈风雷雨弗迷。

帝曰：“格！汝舜。询[14]事考言，乃言厎可绩[15]，三载。汝陟[16]帝位。”舜让于德，弗嗣。

正月上日[17]，受终于文祖[18]。在璇玑玉衡[19]，以齐七政[20]。肆类于上帝[21]，禋于六宗[22]，望[23]于山川，遍于群神。辑五瑞[24]。既月乃日[25]，觐四岳群牧[26]，班瑞于群后[27]。

岁二月，东巡守，至于岱宗[28]，柴[29]。望秩[30]于山川，肆觐东后。协时月正日[31]，同律[32]度量衡。修五礼、五玉、三帛、二生、一死贽[33]。如五器[34]，卒乃复[35]。五月南巡守，至于南岳[36]，如岱礼。八月西巡守，至于西岳，如初。十有一月朔[37]巡守，至于北岳，如西礼。归，格于艺祖[38]，用特[39]。

五载一巡守，群后四朝。敷[40]奏以言，明试以功，车服以庸[41]。

注　释

①侧微：出身卑贱。

②嗣（sì）：接续，继承。

③历：数次，屡次。

④协：符合。

⑤浚哲：深邃的智慧。文明：指文德辉耀。

⑥允塞：充满，充实。

⑦玄德：指潜蓄而不着于外的德性。

⑧慎徽：恭谨宣美。五典：指父义、母慈、兄友、弟恭、子孝这五种伦理道德。

⑨纳：选入。这里指提拔为官。百揆：指总理国政之官。

⑩时叙：承顺，顺当。时：通“承”。

⑪宾：通“傧”，接引客人。

⑫穆穆：端庄恭敬。

⑬大麓：古代主管山林苑囿的官吏。

⑭询：谋划。

⑮厎（zhǐ）：一定。绩：成果，功业。

⑯陟（zhì）：登上。

⑰上日：朔日，即农历初一。

⑱受终：指接受帝位。孔颖达疏：“受终者，尧为天子，于此事终而授与舜。故知终谓尧终帝位之事，终言尧终舜始也。”文祖：指尧始祖之宗庙。

⑲在：《尔雅·释诂》：“察也。”璇玑玉衡：指北斗七星。一至四星名魁，为璇玑；五至七星名杓，为玉衡。

⑳齐：整治。七政：指与北斗七星相对应的七项政事。

㉑肆：遂，于是。类：古祭名，祭天。

㉒禋（yīn）：古代烧柴升烟以祭天。六宗：指天、地与春、夏、

秋、冬四季。

㉓望：遥祭，指古代帝王祭祀山川、日月、星辰。

㉔辑：聚集。五瑞：古代诸侯作符信用的五种玉。

㉕既月乃日：月、日均用作动词，指既选定吉月，又选定吉日。

㉖觐（jìn）：朝见君主。牧：古代州的长官。

㉗班：通“颁”，颁布。后：指列国诸侯。

㉘岱宗：即泰山。泰山居五岳之首，为诸山所宗，故称。

㉙柴：烧柴祭天。

㉚秩：按次序排列。

㉛协时月正日：指协调四季的月份，确定天数。

㉜律：音律，乐律。

㉝五礼：指公、侯、伯、子、男五等诸侯朝聘之礼。三帛：三种颜色的布帛。裴骃《集解》引郑玄语：“帛，所以荐玉也。必三者，高阳氏后用赤缯，高辛氏后用黑缯，其余诸侯皆用白缯。”二生：卿大夫用于朝见的礼品。卿执活羔，大夫执活雁。一死：士用于朝见的礼品，一只死野鸡。贽（zhì）：持物以求见。

㉞如：而，表示连接。五器：即上文所说的五玉。

㉟卒：尽，完毕。复：回，返还。

㊱南岳：指霍山，即天柱山。《尔雅·释山》：“泰山为东岳，华山为西岳，霍山为南岳，恒山为北岳，嵩山为中岳。”

㊲朔：北方。

㊳艺祖：同“文祖”，尧始祖之宗庙。

㊴特：泛指牛。

㊵敷：普遍。

㊶庸：功劳。

译文

虞舜出身卑贱，尧听说他很有智慧，打算让他继承帝位，屡次用困难的事情去考验他，史官根据这些情况写了《舜典》。

考察以前的事情，舜帝的名字叫重华，他的德行与尧帝相合。智慧深邃，文德显耀，温和恭敬的美德充满于天下。身怀美好品德被传颁到朝廷上，尧帝就授予他官职来考验他。首先让舜恭谨慎重地完善父义、母慈、兄友、弟恭、子孝这五种伦理道德，人们都能顺从这些美德。再让他总理百官并管理各项事务，百官都遵从他的教化。接着让他在明堂四方的大门口迎接到来的宾客，四方到来的宾客都端庄恭敬。最后让他担任主管山林的官职，遭遇狂风暴雨，他也不会因迷惑而失误。

尧帝说："来吧！舜。我与你谋划政务，考察你的言论，你提的建议一定会成功，这样已经三年了。现在你就登上帝位吧。"舜要把帝位谦让给有德行的人，不肯继承。

正月初一，舜在帝尧始祖的庙堂里接受帝位。他观察北斗七星的位置，从而来制定七种政事。接着向上天祭祀禀报继承帝位的事情，又升烟祭祀天地四季，遥祭山川，以及其他神灵。聚集诸侯们用作符信的五种玉，选定吉利的某月某日，朝见四方到来的诸侯首领，把这些玉颁发给各位诸侯首领。

这年二月，舜帝到东边去巡视，到了泰山，烧柴祭天。接着按等级遥祭各个山川，随后接见了东部诸侯首领。协调四季的月份，确定天数，统一音律、度量仪器的标准。制定了公侯伯子男五等诸侯朝见访问的礼仪，确定了五种玉、三种用来垫玉的不同颜色的布帛、雁和羊羔这两种活物、野鸡这一种死物，作为诸侯、卿、大夫、士等人朝见时的贡品。而这五种玉，等朝见完毕后，仍然还给诸侯们。五月，舜帝到南边去巡视，到了南岳霍山，行的祭祀礼仪和在泰山时一样。八月，舜帝到西边去巡视，到了西岳华山，行的祭祀礼仪和之前的一样。十一月，舜帝到北边去巡视，到了北岳恒山，行的祭祀礼仪和在西边时一样。回来后，去到尧帝始祖的宗庙里，用一头牛祭祀。

此后，五年巡视一次，各地的诸侯首领到四岳来朝见。全面奏告自己的政绩，君主公开地考核他们的功绩，用车马服饰来作为赏赐。

原 文

肇[1]十有二州，封[2]十有二山，浚[3]川。

象以典刑[4]，流宥五刑[5]，鞭作官刑，扑[6]作教刑，金作赎刑。眚[7]灾肆赦，怙终贼刑[8]。钦哉，钦哉，惟刑之恤[9]哉！

流共工于幽州，放驩兜于崇山，窜三苗于三危[10]，殛[11]鲧于羽山，四罪而天下咸服。

二十有八载，帝乃殂落[12]。百姓如丧考妣[13]，三载，四海遏密八音[14]。月正元日[15]，舜格于文祖，询于四岳，辟[16]四门，明四目，达四聪。

“咨，十有二牧！”曰，“食哉惟时！柔远能迩[17]，惇德允元[18]，而难任人[19]，蛮夷率服[20]。”

舜曰：“咨，四岳！有能奋庸熙帝之载[21]，使宅百揆亮采[22]，惠[23]畴？”佥曰：“伯禹作司空[24]。”帝曰：“俞，咨！禹，汝平水土，惟时懋[25]哉！”禹拜稽首，让于稷、契暨皋陶[26]。帝曰：“俞，汝往哉！”

帝曰：“弃，黎民阻饥[27]，汝后稷[28]，播时百谷。”帝曰：“契，百姓不亲，五品不逊[29]。汝作司徒[30]，敬敷五教，在宽。”

帝曰：“皋陶，蛮夷猾[31]夏，寇贼奸宄[32]。汝作士[33]，五刑有服[34]，五服三就[35]。五流有宅，五宅三居[36]。惟明克允！”

注　释

①肇（zhào）：开始，初始。

②封：帝王筑坛祭天。

③浚：疏通。

④象：描绘。典刑：常刑。

⑤流宥（yòu）五刑：指用流放来宽赦犯了五种刑罚的罪人。宥：宽容，饶恕。五刑：指墨、劓、剕、宫、大辟这五种刑罚。

⑥扑：杖，戒尺。

⑦眚（shěng）：指过失，过错。

⑧怙（hù）终：指有所恃而终不悔改。怙：倚仗，凭借。贼刑：刑杀。

⑨恤：顾及，顾念。

⑩窜：驱逐。三苗：传说中黄帝至尧舜禹时代的古族名。又叫“苗民”、“有苗”。

⑪殛（jí）：通“极”，流放，放逐。

⑫殂（cú）落：死亡。

⑬如丧考妣（bǐ）：古代称父为考、母为妣，指好像死了父母那样悲痛。形容非常伤心。

⑭遏密：指帝王等死后停止举乐。八音：泛指一切音乐。

⑮月正元日：即正月初一。

⑯辟：开，打开。

⑰柔：安抚或平息。能迩：能安抚近处的人。迩：近。

⑱惇（dūn）：敦厚。允元：信任良善之人。元：善，吉。

⑲难：抵挡，拒斥。任人：指狡猾奸邪的人。任：通“壬”，巧言谄媚。

⑳蛮夷：泛指华夏中原民族以外的少数民族。率：都。

㉑奋庸：指努力建立功业。熙：兴盛。载：事，事业。

㉒宅：居于，处于某种境地。亮采：辅佐政事。

㉓惠：语气助词，无义。

㉔伯禹：即夏禹。司空：古代官名，掌水利、营建六事。

㉕懋（mào）：勉励，鼓励。

㉖稷（jì）：周之先祖。相传姜嫄践天帝足迹，怀孕生子，因曾弃而不养，故名之为“弃”。虞舜命为农官，教民耕稼，称为“后稷”。契：商朝的祖先，传说是舜的臣子，助禹治水有功而封于商。

㉗阻饥：饥饿。

㉘后稷：指主管农事的官职。

㉙五品不逊：指五常不和顺。“五常”指君臣、父子、夫妇、兄弟、朋友。

㉚司徒：古代官名。掌管国家的土地和人民的教化。

㉛猾：扰乱，侵犯。

㉜寇贼奸宄（guǐ）：指抢劫杀人，违法作乱。奸：外部的贼寇。宄：内部的奸佞。

㉝士：古代指掌管刑狱的官员。

㉞服：使用。

㉟三就：古时服死刑者，依照身份不同，分别三处就刑。《孔传》：“行刑当就三处：大罪于原野，大夫于朝，士于市。”

㊱三居：古代依罪行的轻重分别将犯人流放到远近不同的三个地方。《孔传》：“五刑之流，各有所居，五居之差，有三等之居。大罪四裔，次九州岛之外，次千里之外。”

译　文

舜开始划定十二州的界限，在十二州的名山上封土为祭坛祭祀上天，并疏通了河道。

舜在器物上刻画各种常刑的图案，用流放来宽赦犯了五种刑法的罪人，把鞭刑作为惩罚官吏的刑罚，用戒尺责打作为教育子弟的刑罚，用金子作为赎罪的刑罚。如果因为过失而造成灾祸，就宽赦他；如果犯了罪有所依凭而始终不改，就按照刑法处罚他。谨慎啊！谨慎啊！刑罚要谨慎使用啊！

舜把共工流放到幽州，把驩兜流放到崇州，把三苗驱逐到三危，把鲧流放到羽山，这四个罪人都处罚后，天下人都诚服了。

舜在位二十八年后，尧帝就去世了。百姓就像自己的父母逝去一样悲痛，三年内，四海之内都停止演奏音乐。三年后的正月初一，舜到了尧帝始祖的太庙里，与四方诸侯们谋划国事，打开明堂的四门宣布政令，明察四方的政务，听闻四方的情况。

“啧，十二州的长官！”舜帝说，“种植粮食，必须按照农时！怀柔远处的民众，抚慰近处的百姓，亲厚仁德的人，信任良善的人，而拒绝奸邪的小人，像这样，各地的外族就都会臣服了。”

舜帝说：“啧，四方的诸侯首领！有谁能奋发努力去光耀尧帝的事业，身居总理百官的职位上处理政事？”诸侯们都说：“伯禹可以做司空。”舜帝说：“好的。啊！禹，你平定过洪水，现在要勤奋努力啊！”禹跪拜叩头，要把官职让给稷、契和皋陶。舜帝说：“好了，还是你去吧！”

舜帝说：“弃，黎民苦难饥饿，你主管农事，让百姓按时种植各种谷物。”舜帝说：“契，百姓彼此不亲近，君臣、父子、夫妇、兄弟、朋友这五常都不和顺。你做司徒，谨慎地实行五常教化，要宽容。”

舜帝说：“皋陶，外族扰乱我们华夏地区，抢劫杀人，违法作乱。你做主管刑狱的士，五种刑罚都有各自使用的方法，使用刑罚时按照身份不同分别有三个地方。五种流放有各自的处所，需要流放时按照罪行轻重分别流放到远近不同的地方。要明察罪行、公允诚信啊！”

原　文

帝曰：“畴若予工？”佥曰：“垂哉！”帝曰：“俞，咨！垂，汝共工[①]。”垂拜稽首，让于殳斨暨伯与[②]。帝曰：“俞，往哉！汝谐[③]。”

帝曰：“畴若予上下[④]草木鸟兽？”佥曰：“益哉！”帝曰：“俞，咨！益，汝作朕虞。”益拜稽首，让于朱虎、熊罴[⑤]。帝曰：“俞，往哉！汝谐。”

帝曰：“咨！四岳，有能典朕三礼[⑥]？”佥曰：“伯夷！”帝曰：“俞，咨！伯，汝作秩宗[⑦]。夙夜[⑧]惟寅，直哉惟清。”伯拜稽首，让于夔、龙[⑨]。帝曰：“俞，往，钦哉！”

帝曰：“夔！命汝典乐，教胄子[10]，直而温，宽而栗[11]，刚而无虐[12]，简而无傲。诗言志，歌永[13]言，声[14]依永，律和声。八音克谐，无相夺伦[15]，神人以和。”夔曰：“于！予击石拊石[16]，百兽率舞。”

帝曰：“龙，朕堲谗说殄行[17]，震惊朕师。命汝作纳言[18]，夙夜出纳[19]朕命，惟允！”

帝曰：“咨！汝二十有二人，钦哉！惟时亮天功[20]。”三载考绩，三考，黜陟幽明[21]，庶绩咸熙。分北[22]三苗。

舜生三十征[23]，庸[24]三十，在位五十载，陟方[25]乃死。

注释

①共工：古代官名，掌管百工之职。

②殳斨（shū qiāng）：人名，事不详。伯与：人名，事不详。

③谐：通“偕”，一同，一起。

④上下：指高山和低洼湖泽。

⑤朱虎、熊罴（pí）：人名，事不详。

⑥典：主持，主管。三礼：指祭祀天、地、宗庙之礼。

⑦秩宗：古代掌宗庙祭祀的官。

⑧夙（sù）夜：指日夜从事。夙：早。

⑨夔（kuí）：人名。相传为尧、舜时乐官。龙：人名，事不详。

⑩胄（zhòu）子：古代称帝王或贵族的长子。

⑪栗：庄敬，严肃。

⑫虐：残暴。

⑬永：通“咏”，以诗词等来叙述。

⑭声：指宫、商、角、徵、羽五声。

⑮夺伦：失其伦次。

⑯击石拊石：指击打石磬。拊：拍。

⑰堲（jí）：通“疾”，憎恨。谗说：谗言。殄行：指奸邪的行为。

《孔传》言绝君子之行也。

⑱纳言：古代官名。掌管出纳王命之职。

⑲出纳：送出与纳入。这里指传布帝王的命令，或汇报下面的意见。

⑳亮：辅佐。天功：指天下的功业。

㉑黜陟幽明：指罢黜昏庸的官员、提拔清明的官员。黜：罢黜。陟：晋升，进用。

㉒分北：分离。北：通“背”。

㉓征：征召。

㉔庸：任用。

㉕陟方：犹巡狩。天子外出巡视。《孔传》：“方，道也。舜即位五十年，升道南方巡守，死于苍梧之野而葬焉。”

译文

舜帝说：“有谁擅长担任掌管百工的官职？”众人说：“垂啊！”舜帝说：“好。啧！垂，你担任掌管百工的官职吧。”垂跪拜叩头，要让给殳斨和伯与。舜帝说：“好了，去吧！你和他们一起担任吧。”

舜帝说：“有谁擅长掌管高低丘泽里的草木鸟兽？”众人说：“益啊！”舜帝说：“好。啊！益，你做我的虞官吧。”益跪拜叩头，要让给朱虎、熊罴。舜帝说：“好了，去吧！你和他们一起担任吧。”

舜帝说：“啊！四方的诸侯首领，有谁能为我主管祭祀礼仪的事情？”众人说：“伯夷！”舜帝说：“好。啊！伯夷，你担任掌管祭祀礼仪的官职吧。早晚都要恭敬地祭祀，要正直清明。”伯夷跪拜叩头，要让给夔、龙。舜帝说：“好了，去吧！要谨慎啊！”

舜帝说：“夔！我命令你担任乐官，教育王子和贵族子弟们，让他们正直而温和，宽容而严肃，刚毅而不残暴，简单而不傲慢。诗用来言明志向，歌唱出表明志向的语言，五声依靠歌唱来确定，六律调和五声。八种乐器演奏出来的乐曲能够调和动听，不会互相失去次序，神灵和人能因此和谐共处。”夔说：“啊！我击打石磬，各种野兽都跟着起舞。”

舜帝说：“龙，我憎恨诽谤他人的言论和奸邪的行为，因为它们会震动我的民众，使他们惊恐。我命令你担任纳言官，不管早晚都要传布我的命令，或汇报下面的意见，一定要真实诚信。”

舜帝说：“啊！你们二十二个人，办事要谨慎啊！要时时辅佐天子创立伟大的功业。”三年考核一次政绩，考察了三次后，罢黜昏庸的官员、提拔清明的官员，众多事业都兴盛起来。把三苗族分别安置。

舜三十岁时被尧帝征召，做官三十年，在帝位五十年，巡视南方时去世。

大禹谟第三

原 文

皋陶矢厥谟[①]，禹成[②]厥功，帝舜申[③]之。作《大禹》《皋陶谟》《益稷》。

曰若稽古。大禹曰：“文命敷于四海[④]，祇[⑤]承于帝。”曰：“后克艰[⑥]厥后，臣克艰厥臣，政乃乂，黎民敏[⑦]德。”

帝曰：“俞！允若兹[⑧]，嘉言罔攸伏[⑨]，野无遗贤，万邦咸宁。稽[⑩]于众，舍己从人，不虐无告[⑪]，不废困穷，惟帝时克。”

益曰：“都！帝德广运[⑫]，乃圣乃神，乃武乃文。皇天眷命[⑬]，奄[⑭]有四海为天下君。”

禹曰：“惠迪吉[⑮]，从逆凶，惟影响[⑯]。”

益曰：“吁！戒哉！儆戒无虞[⑰]，罔失法度。罔游于逸[⑱]，罔淫[⑲]于乐。任贤勿贰[⑳]，去邪勿疑。疑谋勿成，百志惟熙。罔违道以干[21]百姓之誉，罔咈百姓以从己之欲。无怠无荒，四夷来王。”

禹曰：“於！帝念[22]哉！德惟善政，政在养民。水、火、金、木、土、谷[23]，惟修；正德、利用、厚生[24]惟和。九功惟叙[25]，九叙惟歌[26]。戒之用休[27]，董之用威[28]，劝之以九歌[29]，俾勿坏。”

帝曰：“俞！地平天成[30]，六府三事允治，万世永赖[31]，时乃功。”

注　释

①矢：陈述。谟（mó）：计谋，谋略。

②成：陈说。

③申：重复，一再。

④文命：指文德教命。敷：传布。

⑤祗（zhī）：敬，恭敬。

⑥克艰：指能够克服困难。

⑦敏：奋勉。

⑧允若兹：果真像这样。若：像。兹：这。

⑨罔：不。攸伏：所隐伏的。攸所。

⑩稽：考核，核查。

⑪无告：指有疾苦而无处诉说的人。

⑫广运：即广远。

⑬眷命：垂爱并赋予重任。

⑭奄（yǎn）：覆盖。

⑮惠：柔顺，顺从。迪：道，道理。

⑯影响：指影子和回声。形容感应迅捷。

⑰儆（jǐng）：告诫，警告。无虞：指没有预料到。虞：预料。

⑱逸：放任，不受拘束。

⑲淫：放纵，沉溺。

⑳贰：背离，怀有二心。

㉑干：求，求取。

㉒念：惦念。

㉓水、火、金、木、土、谷：即下文所说的“六府”。古人以为这些是人类养生之本。

㉔正德、利用、厚生：即下文所说“三事”。利用：物尽其用，使事物或人发挥效能。厚生：富裕人家的生活。

㉕叙：依次序排列。

㉖歌：歌颂，赞美。

㉗休：美好，美善。

㉘董：监督管理。威：刑罚。

㉙劝：勉励。九歌：古代乐曲。相传为禹时乐歌。

㉚地平天成：指禹治水成功而使天之生物得以有成。后常比喻一切安排妥帖。

㉛赖：得益。

译文

皋陶陈述他治国的计谋，大禹陈说他的功业，舜帝一再赞美他们。写下了《大禹》《皋陶谟》《益稷》。

考察以前的事情。大禹说：“文德教化散布到四海，恭敬地继承尧、舜两位帝王的旨意。”又说：“君主能把做好这个君主看得很难，臣子能把做好这个臣子看得很难，那政事就能治理好，黎民百姓也会奋勉修行品德。”

舜帝说：“是啊！果真像这样，良言就不会被埋没，民间不会有遗漏的贤人，各国都会安定太平。考察众人的意见，放弃自己错误的部分，听从别人正确的建议，不残害有苦而无处诉说的人，不放弃困苦贫穷的人，只有尧帝能做到这样。”

益说：“啊！尧帝的德行广泛而深远，既圣明又神妙，既有武功又有文德。上天垂爱而授予重任，使尧拥有四海而成为天下的君主。”

大禹说：“遵循天道就吉祥，顺从逆理就凶险，这就如同影子跟随本体、回响跟随声音一样。”

益说："哎！要警戒啊！要戒备没有预料到的事情，不要失去法度。不要放纵游玩，不要过度享乐。任用贤人不能三心二意，除去奸邪的人不能犹疑不决。心存怀疑的计谋不能去做，各种意志都要光明正大。不要违背道义去求得百姓的赞誉，不要违背百姓的意愿来顺从自己的欲望。不要懈怠，不要荒废，四方的外族们都会来朝见帝王。"

大禹说："啊！舜帝您要记住益说的话啊！德就是有良好的政令，良好的政令在于养护民众。水、火、金、木、土、谷这六种养生的根本要治理好；端正人们的德行，让百姓发挥作用，使民众富裕，这三件事要合理实行。这九个方面要按次序安排好，安排好了，百姓就会歌颂帝王的德行。用美好的政令告诫人们，用威严的刑罚监督管理人们，用九歌勉励人们，使政令不被毁坏。"

舜帝说："是啊！平定了水土，万物自然生长，六府三事都确实得到治理，对万世都有益处，这是你的功绩。"

原　文

帝曰："格，汝禹！朕宅帝位三十有三载，耄期[1]倦于勤。汝惟不怠，总[2]朕师。"

禹曰："朕德罔克，民不依。皋陶迈种德[3]，德乃降，黎民怀[4]之。帝念哉！念兹在兹[5]，释兹在兹，名言[6]兹在兹，允出[7]兹在兹，惟帝念功。"

帝曰："皋陶，惟兹臣庶[8]，罔或干予正[9]。汝作士，明于五刑，以弼[10]五教。期[11]于予治，刑期于无刑，民协于中[12]，时乃功，懋哉。"

皋陶曰："帝德罔愆[13]，临下[14]以简，御众[15]以宽。罚弗及嗣，赏延于世[16]。宥过无大，刑故无小[17]。罪疑惟轻，功疑惟重。与其杀不辜[18]，宁失不经[19]。好生之德[20]，洽[21]于民心，兹用不犯于有司[22]。"

帝曰："俾予从欲以治，四方风动㉓，惟乃之休。"

注 释

①耄（mào）期：高年。

②总：统领，统管。

③迈：通"劢"，勤勉。种德：树立德行。

④怀：归向，使降顺。

⑤念兹在兹：怀念德行的是他。前一个"兹"指代德行，后一个"兹"指代皋陶。

⑥名言：称说，描述。

⑦允出：指真正地实行。

⑧臣庶：即臣民。

⑨或：某人，有的人。干：触犯，冒犯。正：通"政"，政治，政事。

⑩弼（bì）：辅佐。

⑪期：期望。

⑫中：指中正之道。

⑬愆（qiān）：过错，罪过。

⑭临下：指治理下属。临：治理，管理。

⑮御众：统治民众。御：封建社会指上级对下级的治理、统治。

⑯世：后嗣，后人。

⑰宥过无大，刑故无小：指误犯的过失，再大也宽宥；故意犯下的过错，再小也要惩罚。过：无意的犯法或作恶行为。故：故意，存心。

⑱辜：罪行。

⑲不经：指不合常法。经：指常行的义理、准则。

⑳好生之德：指有爱惜生灵、不事杀戮的品德。

㉑洽：沾湿，浸润。

㉒用：因此。有司：指官吏。

㉓风动：指广泛响应。

译文

舜帝说："过来，禹！我处在帝位上已经三十三年了，现在年纪大了，辛劳得疲惫不堪。你不懈怠，总领我的民众吧。"

大禹说："我的品德还不能胜任，百姓不会依从。皋陶勤勉地树立德行，德行就遍及天下，黎民百姓都归向他。舜帝，您要考虑清楚啊！怀念德行的是他，放下德行的是他，称说德行的是他，真正推行德行的也是他，只希望舜帝能顾念他的功劳。"

舜帝说："皋陶，这些臣民，没有人敢冒犯我的政令。你担任士官，申明五种刑罚，来辅助五常的教化。你帮助我治理政事，使用刑罚是希望以后不用刑罚，民众的行为符合中正之道，这是你的功劳，要继续努力啊！"

皋陶说："舜帝您的德行没有过错，用简易明白的方法治理下民，用宽缓的政令统治众人。所施惩罚不株连子孙，赏赐延及后代。误犯的过失，再大也能宽宥；故意犯下的过错，再小也要惩罚。罪行轻有值得怀疑的地方，就从轻处罚；功劳轻有值得怀疑的地方，就从重赏赐。与其杀害无辜的人，宁可失去不守法度的人。爱惜生灵的品德，浸润在民众心中，因此他们不冒犯在上的官吏。"

舜帝说："你使我能顺从自己的想法来治理天下，四方的百姓广泛响应，这是你的美德啊。"

原文

帝曰："来，禹！降水儆予，成允[①]成功，惟汝贤。克勤于邦，克俭于家，不自满假[②]，惟汝贤。汝惟不矜[③]，天下莫与汝争能；汝惟不伐[④]，天下莫与汝争功。予懋[⑤]乃德，嘉乃丕绩[⑥]，天之历数[⑦]在汝躬，汝终陟元后[⑧]。人心惟危[⑨]，道心惟微[⑩]，惟精惟一，允执厥中。无稽之言勿听，弗询之谋勿庸。可爱[⑪]非君？可畏非民？众非元后，何戴⑫？后非众，罔与守邦？钦哉！慎乃有位，敬修其可愿⑬，四海困穷，天禄永终。惟口出好兴戎⑭，朕言不再。”

禹曰：“枚卜⑮功臣，惟吉之从。”

帝曰：“禹！官占，惟先蔽⑯志，昆⑰命于元龟。朕志先定，询谋佥同，鬼神其依，龟筮⑱协从，卜不习⑲吉。”禹拜稽首，固⑳辞。

帝曰：“毋！惟汝谐㉑。”

正月朔旦，受命于神宗㉒，率百官若帝之初。

注 释

①成允：指履行诺言。

②满假：自满自大。

③矜：自夸。

④伐：自夸。

⑤懋：美好。

⑥丕绩：大功劳。丕：大。

⑦历数：指帝王继承的次序。古代迷信说法，认为帝位相承和天象运行次序相应。

⑧元后：指天子。

⑨危：恐惧，忧惧。

⑩道心：指天理，义理。微：不明，昏暗。

⑪可爱：令人敬爱的。

⑫戴：推崇，拥护。

⑬可愿：指符合愿望的事。

⑭出好兴戎：指能说出好话，也能引发战争。戎：战争。

⑮枚卜：一一占卜。枚：一一，逐个。

⑯蔽：断。

⑰昆：后，然后。

⑱龟筮（shì）：占卦。古时占卜用龟，筮用蓍，视其象与数以定吉凶。

⑲习：经常，常常。

⑳固：坚定。

㉑谐：和谐，妥当。

㉒神宗：指尧帝宗庙。

译文

舜帝说："过来，禹！上天降下洪水警告我们，你履行诺言，完成治水大业，这是你贤德啊。为国家处理政事很勤劳，在家处理家事很简朴，不自满自大，这是你贤德啊。你不自夸才能，天下也没有谁能与你比才能；你不自夸功劳，天下也没有谁能与你比功劳。我认为你的德行美好，嘉奖你的大功，按上天让帝王继承的次序应该轮到你身上，你最终要登上帝位。现在人们心存恐惧，天道幽暗不明，只有精诚专一，真正地保持中正之道。不要听取没有考核过的言论，不要使用没有询问过众人的计谋。令人敬爱的不是君主吗？君主害怕的不是民众吗？民众没有君主，那该拥戴谁呢？君主没有民众，能与谁守护国家呢？要谨慎啊！你要谨慎地处在帝位上，恭敬地实行符合自己意愿的事情，如果四海的百姓都困苦贫穷，那天赐的福禄就永远结束了。嘴巴能说出好话，也能引发战争，我不再说这些话了。"

大禹说："一一占卜各位有功的臣子，选择卦象吉利的人吧。"

舜帝说："禹！用占卜选用官员，要先断定志向，然后下令用大龟占卜。我把帝位禅让给你的志向先确定，询问众人的意见也都与我相同，鬼神也依从我的看法，用龟和蓍草占卜也都顺从这个结果，占卜不会重复出现吉利的结果。"大禹跪拜叩头，执意推辞。

舜帝说："别推辞了！只有你合适。"

正月初一早上，大禹在尧帝的宗庙接受了帝位，率领百官就像之前舜帝接受尧帝禅让时那样完成了禅让的礼仪。

原　文

帝曰："咨，禹！惟时有苗弗率，汝徂[1]征。"

禹乃会群后，誓[2]于师曰："济济[3]有众，咸听朕命。蠢[4]兹有苗，昏迷[5]不恭，侮慢自贤，反道败德，君子在野[6]，小人在位[7]，民弃不保[8]，天降之咎[9]，肆[10]予以尔众士，奉辞伐罪。尔尚一乃心力[11]，其克有勋[12]。"

三旬[13]，苗民逆命。益赞[14]于禹曰："惟德动天，无远弗届[15]。满招损，谦受益，时乃天道。帝初于历山，往于田，日号泣于旻[16]天，于父母，负罪引慝[17]。祗载[18]见瞽叟，夔夔斋栗[19]，瞽亦允若[20]。至诚[21]感神，矧[22]兹有苗。"

禹拜昌言[23]曰："俞！"班师振旅[24]。帝乃诞敷[25]文德，舞干羽于两阶[26]，七旬，有苗格。

注　释

①徂（cú）：往，去。

②誓：表示决心的话。

③济济：众多的样子。

④蠢：骚动，动乱。

⑤昏迷：昏暗糊涂。

⑥在野：指不在朝做官。

⑦在位：指居于君主的地位或官吏任职做官。

⑧保：安定。

⑨咎：灾祸。

⑩肆：故，所以。

⑪尚：希望。一乃心力：指同心协力。

⑫勋：特别大的功劳。

⑬旬：十日为一旬。

⑭赞：帮助，辅佐。

⑮届：到。

⑯旻（mín）：天空。

⑰负罪引慝（tè）：指引咎自责。慝：差错。

⑱载：事。这里指侍奉。

⑲夔夔斋栗：戒惧敬慎的样子。斋：庄重，恭敬。

⑳允若：顺从。

㉑至諴（xián）：指极其和顺的德行。諴：诚，诚意。

㉒矧（shěn）：况且，何况。

㉓昌言：正当的言辞，好话。

㉔班师振旅：整顿部队，调回军队。班：返回。振：整治，整顿。

㉕诞敷：遍布。

㉖干羽：干盾和羽翳，古代舞者所执的舞具。文舞执羽，武舞执干。两阶：宫廷的东、西台阶。主人走东阶，客人走西阶。

译　文

舜帝说："啊，禹！三苗族不听从号令，你去征讨他们。"

大禹于是会合各路诸侯，在军队面前发誓表示决心说："众位诸侯，都听从我的命令。骚动不安的三苗族，昏暗糊涂不恭敬，轻慢骄傲，自认为贤德，违反天道，德行败坏，君子不在朝为官，小人处在官位上，百姓被抛弃而不得安生，上天降下这灾祸，因此我率领你们众人，尊奉舜帝的命令去讨伐罪人。希望你们同心协力，大概就能建立功勋了。"

三十天后，三苗的民众还是违抗命令。益辅佐大禹，说："只有美德能感动上天，有了美德，不管多远的人都会来归顺。自满招致损害，谦虚得到好处，这是自然规律。舜帝当初在历山，去到农田里，每天对着上天号啕大哭，对于父母，则把他们的罪过揽到自己身上。他恭敬地侍奉父母，有事拜见瞽瞍时，恭敬谨慎，畏惧战栗，瞽瞍也顺从了一些。所以极其和顺的德行可以感动神灵，何况是这个三苗族呢。"

大禹恭敬地接受了这些建议，说："很对！"于是整顿士兵，调动军队返回了。舜帝就广泛地施行文德教化，让人在宫殿的两边台阶上拿着盾牌和羽毛跳舞。撤兵七十天后，三苗族就来归顺了。

皋陶谟第四

原　文

曰若稽古，皋陶曰："允迪[1]厥德，谟明弼谐[2]。"禹曰："俞，如何？"皋陶曰："都！慎厥身，修思永[3]。惇叙[4]九族，庶明励翼[5]，迩可远[6]，在兹。"禹拜昌言曰："俞！"

皋陶曰："都！在知人，在安民。"禹曰："吁！咸若时，惟帝其难之。知人则哲，能官人[7]。安民则惠[8]，黎民怀之。能哲而惠，何忧乎驩兜？何迁[9]乎有苗？何畏乎巧言令色孔壬[10]？"

皋陶曰："都！亦[11]行有九德。亦言，其人有德，乃言曰，载采采[12]。"禹曰："何？"皋陶曰："宽而栗，柔而立，愿[13]而恭，乱而敬[14]，扰[15]而毅，直而温，简而廉，刚而塞[16]，强而义。彰[17]厥有常，吉哉！日宣[18]三德，夙夜浚明有家[19]；日严[20]祗敬六德，亮采有邦。翕[21]受敷施，九德咸事，俊乂[22]在官。百僚师师[23]，百工惟时[24]，抚于五辰[25]，庶绩其凝[26]。无教逸欲，有邦兢兢业业[27]，一日二日万几[28]。无旷[29]庶官，天工[30]，人其代之。天叙有典，敕[31]我五典五惇哉！天秩有礼，自我五礼有庸哉！同寅协恭和衷哉[32]！天命有德，五服五章[33]哉！天讨[34]有罪，五刑五用哉！政事懋哉懋哉！天聪明，自[35]我民聪明。天明畏[36]，自我民明威。达于上下，敬哉有土[37]！”

皋陶曰：“朕言惠可厎行？”禹曰：“俞！乃言厎可绩。”皋陶曰：“予未有知，思曰赞赞襄[38]哉！”

注释

①迪：遵循。

②弼谐：指辅佐协调。

③思永：考虑长久之道。

④惇叙：按次序，使之敦睦。

⑤励翼：勉力辅佐。

⑥迩可远：指由近及远。

⑦官人：指选取人才给以适当的官职。

⑧惠：仁爱。

⑨迁：贬谪，放逐。

⑩巧言令色：用动听的言语和伪善的面目取悦于人。孔壬：大奸佞。孔：甚。

⑪亦：通“迹”，考察。

⑫载采采：指处理政事。载：句首语气助词，无义。采采：前一个为动词，从事，后一个为名词，事情。

⑬愿：老实谨慎。

⑭乱：治理。这里指有才能。敬：谨慎。

⑮扰：柔顺，顺从。

⑯塞：充实。

⑰彰：明显，显著。

⑱宣：表现，显示。

⑲浚明：明治，治理清明。有家：指卿大夫。有：词头。

⑳严：严肃，严谨。

㉑翕（xī）：合，聚。

㉒俊乂：才德出众的人。

㉓师师：相互师法。

㉔惟时：指想做好自己分内的事务。惟：思。时：善。

㉕抚：循，顺。五辰：古代谓五星分主四时：木主春、火主夏、金主秋、水主冬、土分属四时，故称四时为“五辰”。

㉖凝：成，定。

㉗兢兢业业：形容做事谨慎，勤奋刻苦。

㉘一日二日万几：即日理万机，一天要处理成千上万件事务。一日二日：指日日。几：通“机”，政务。

㉙旷：空，使空闲。

㉚天工：天的职任。

㉛敕：告诫。

㉜同寅：君臣之间互相尊重。协恭：勤谨合作。和衷：和睦同心。

㉝章：在绘画或刺绣上，赤与白相间的花纹。泛指花纹。

㉞讨：讨伐，诛戮。

㉟自：因为，由于。

㊱明畏：指表彰好人、惩罚恶人。

㊲有土：指有土地之君或有封地之臣。

㊳襄：帮助，辅佐。

译　文

考察以前的事情，皋陶说：“真正地遵循美好的德行，就会谋划英明，臣子辅佐协调。”大禹说：“对，该怎么做呢？”皋陶说：“啊！就是要谨慎地修养自身，考虑长久保存的方法。使九族次序合理、互相亲厚，让贤明的人互相勉励、互相帮助，由近及远，从这里做起。”大禹恭敬地接受了这些良言，说：“很对！”

皋陶说：“啊！还在于了解贤人，在于安定百姓。”大禹说：“唉！都像这样，那尧帝大概也会很难做到啊！了解贤人就是明智，能选取人才担任官职。安定百姓就是仁爱，黎民都会归顺于他。能做到明智和仁爱，还为什么要担忧驩兜作乱呢？为什么要驱逐三苗族呢？为什么要害怕用动听的言辞、虚伪的面目来取悦他人的奸贼共工呢？”

皋陶说：“啊！考察一个人的行为有九种美德。考察了言论，这个人如果有美德，就告诉他做点政事。”大禹说：“什么是九种美德？”皋陶说：“宽容而又严肃，柔和而又自立，老实而又恭敬，有才而又谨慎，顺从而又刚毅，正直而又温和，简单而又廉洁，刚强而又充实，坚强而又正义。彰显这九种美德，经久不变，那就吉利啊！每天都能表现出三种美德，早晚勤勉地把家事治理清明，那大夫就能保有官位；每天都能严谨恭敬地实行六种美德，辅佐政事，那诸侯就能保有国家。把这九种美德会合起来施行到天下，使拥有九种美德的人都能担任职事，那处在官位上的就都是才德出众的人了。百官互相效仿学习，想做好自己分内的事务，顺应天时，各种事情都能办成。不要让臣民安逸放纵，为了国家勤勉谨慎，每天都要处理各种事务。不要闲置官职，上天的职责，让人来代替它完成。上天确定人伦秩序有一定的标准，告诫我们父义、母慈、兄友、弟恭、子孝这五种常理要确实推行啊！上天规定的品秩等级有一套礼法制度，所以公、侯、伯、子、男五等诸侯朝聘的礼仪要长久地实行啊！君臣之间要互相恭敬、和睦同心啊！上天任命有德的人，天子、诸侯、卿、大夫、士五种等级不同的人要穿不同花纹的衣服啊！上天讨伐有罪的人，墨、劓、剕、宫、大辟五种刑罚要施用在五种犯罪的人身上啊！处理政事要勤勉努力啊！上天能耳聪目明了解各种事情，是因为我们百姓耳聪目明。上天表彰好人、惩罚恶人，是因为我们百姓有表彰好人、惩罚恶人的标准。上下的意见是相通的，拥有国土的君主要谨慎啊！”

皋陶说：“我说的话一定能实行吗？”大禹说：“是的！您说的话一定能得以施行。”皋陶说：“我不是有智慧的人，只是想着一心辅佐君主啊！”

益稷第五

原　文

帝曰：“来，禹！汝亦昌言。”禹拜曰：“都！帝，予何言？予思日孜孜①。”皋陶曰：“吁！如何？”禹曰：“洪水滔天，浩浩怀山襄陵，下民昏垫[2]。予乘四载[3]，随山刊木[4]，暨益奏庶鲜食[5]。予决九川距四海[6]，浚畎浍距川[7]；暨稷播，奏庶艰食[8]鲜食。懋迁有无[9]，化居[10]。烝民乃粒[11]，万邦作乂。”皋陶曰：“俞！师[12]汝昌言。”

禹曰：“都！帝，慎乃在位。”帝曰：“俞！”禹曰：“安汝止[13]，惟几惟康[14]。其弼直，惟动丕应。徯[15]志以昭受上帝，天其申命用休。”

帝曰：“吁！臣哉邻[16]哉！邻哉臣哉！”禹曰：“俞！”

帝曰：“臣作朕股肱耳目[17]。予欲左右[18]有民，汝翼[19]。予欲宣力[20]四方，汝为。予欲观[21]古人之象，日、月、星辰、山、龙、华虫作会[22]；宗彝、藻、火、粉米、黼、黻，絺绣[23]，以五采彰施于五色作服，汝明。予欲闻六律五声八音，在治忽[24]，以出纳五言，汝听。予违，汝弼，汝无面从，退有后言。钦四邻[25]！庶顽谗说，若不在时[26]，侯[27]以明之，挞[28]以记之，书用识[29]哉，欲并生[30]哉！工以纳言，时而飏[31]之，格则承之庸之[32]，否则威[33]之。”

注　释

①孜（zī）孜：勤勉，不懈怠。

②昏垫：陷溺。指困于水灾。

③四载：指古代的四种交通工具。《孔传》：“所载者四，谓水乘舟，陆乘车，泥乘輴，山乘樏。”

④随山刊木：指沿着山路砍伐树木作为标识。随：沿着。刊：砍，砍削。

⑤奏：奉献，送上。鲜食：指刚宰杀的肉类。

⑥决：疏通水道。距：至，到达。

⑦浚：疏通，挖深。畎浍（quǎn kuài）：田间水沟。泛指溪流、

沟渠。

⑧艰食：马融认为“艰”当为“根”，根生之食，即百谷。

⑨懋迁有无：即互通有无，互相调剂余缺。懋迁：互相交易。懋：通“贸”。

⑩化居：指迁移堆积的货物。化：古“货”字。

⑪烝（zhēng）民：众民、百姓。粒：通“立”，定，安定。

⑫师：疑为“斯”的假借。斯：此。

⑬安汝止：安于自己的职位。止：职责，职位。

⑭惟几惟康：考虑天下的安危。惟：思。几：危险。康：安乐，安定。

⑮徯（xī）：等待。

⑯邻：接近，亲近。

⑰股肱耳目：大腿、胳膊、眼睛和耳朵。比喻左右辅助得力的人。

⑱左右：袒护，保护。

⑲翼：帮助，辅佐。

⑳宣力：致力，尽力。

㉑观：示范，显示。

㉒华虫：雉的别称。古代常用作冕服上的画饰。会：通“绘”，绘画。

㉓宗彝：本义是宗庙祭祀所用的酒器。因宗彝常以虎、蜼为图饰，因以借称天子祭服上所绣的虎与蜼的图象。粉米：古代贵族礼服上的白色米形绣纹。黼（fǔ）：古代礼服上绣的半黑半白的花纹。黻（fú）：古代礼服上黑与青相间的花纹。絺（chī）绣：绣有文饰的细葛布。

㉔在治忽：考察治乱。在：察。忽：忽怠，荒怠。

㉕四邻：指天子左右的大臣。

㉖时：通“是”，代指做臣子的道理。

㉗侯：箭靶。这里指射侯的礼仪。

㉘挞（tà）：用鞭、棍等打人。

㉙识（zhì）：记住。

㉚生：进，上进。

㉛飏：通“扬”，宣扬。

㉜格：正确。承：送。

㉝威：刑罚。

译 文

舜帝说："来吧，禹！你也提些建议吧。"大禹叩拜说："啊！君王，我说些什么呢？我就想着每天都勤勉地做事。"皋陶说："唉！是怎么样的呢？"大禹说："大水几乎弥漫到了天空，浩大的水势浸没了高山，百姓都困在水灾中。我乘坐四种交通工具，沿着山路砍伐树木作为标识，和益一起送给百姓新鲜的肉食。我疏通九条大河，让它们流到了四海；疏通田间的水沟，让它们流到了大河。和稷一起播种粮食，送给百姓百谷和新鲜的肉食。互通有无，把多余的物资运送到不足的地方，迁移堆积的货物。于是百姓就安定了，各个诸侯国都治理好了。"皋陶说："是啊！你说的这些话真好啊！"

大禹说："啊！君主您处在帝位上要谨慎啊。"舜帝说："是啊！"大禹说："让他们安于自己的职责，考虑天下的安危。如果辅佐之臣是正直的，那么君主一有行动，他们就会响应。等待有志的人来明白地接受上天的旨意，上天就会一再用美好的德行赞扬你。"

舜帝说："唉！臣子就是亲近的人啊！亲近的人就是臣子啊！"大禹说："是啊！"

舜帝说："臣子是我的臂膀和耳目。我想保护百姓，你们要帮助我。我想尽力治理好四方，你们要帮我去做。我想显示古人服饰上的图像，把日、月、星辰、山、河、龙、雉的形状绘画在衣服上；把宗庙祭器上的虎形纹、水草纹、火形纹、米形纹、黑白与黑青相间的花纹绣在细葛布上，用五种颜料明显地涂染在布料上，用这五种颜色的布料来做衣服，你们要辨别清楚。我想听六律、五声、八音，从中考察天下是安定还是混乱，并用来传达仁、义、礼、智、信五德的言论，你们要听明白。我有过失，你们要纠正我，你们不要当面顺从，退下后又有不同的议论。恭敬地对待周围的大臣！那些愚蠢而喜进谗言的人，如果不明白这些道理，就用射侯的礼仪让他们明白，用棍棒鞭打让他们记住，并写在木板上记录下来，让他们改正错误、求得上进！做官的要采纳百姓的言论，好的就要宣扬，正确的就上陈给帝王以便采用，如果不这么做就要惩罚他们。"

原 文

禹曰："俞哉！帝，光天之下，至于海隅[①]苍生，万邦黎献[②]，共惟帝臣，惟帝时举。敷纳以言，明庶以功，车服以庸。谁敢不让，敢不敬应？帝不时敷[③]，同，日奏，罔功。无若丹朱傲，惟慢游是好，傲虐是作。罔昼夜頟頟[④]，罔水行舟[⑤]。朋淫[⑥]于家，用殄厥世[⑦]。予创[⑧]若时。娶于涂山，辛壬癸甲[⑨]。启呱呱而泣，予弗子[⑩]，惟荒度[⑪]土功。弼成五服[⑫]，至于五千。州十有二师[⑬]，外薄[⑭]四海，咸建五长[⑮]，各迪[⑯]有功，苗顽弗即工[⑰]，帝其念哉！"帝曰："迪朕德，时乃功，惟叙[⑱]。皋陶方[⑲]祗厥叙，方施象刑[⑳]惟明。"

夔曰："戛击鸣球[㉑]，搏拊[㉒]琴瑟，以咏。"祖考[㉓]来格，虞宾[㉔]在位，群后德让。下管鼗鼓[㉕]，合止柷敔[㉖]，笙镛以间[㉗]。鸟兽跄跄[㉘]，《箫韶》九成，凤皇来仪[㉙]。夔曰："於！予击石拊石，百兽率舞。庶尹允谐。"

帝庸作歌曰："敕天之命，惟时惟几。"乃歌曰："股肱喜哉！元首[㉚]起哉！百工熙哉！"皋陶拜手稽首飏言[㉛]曰："念哉！率作兴事，慎乃宪[㉜]，钦哉！屡省[㉝]乃成，钦哉！"乃赓载[㉞]歌曰："元首明哉！股肱良哉！庶事康哉！"又歌曰："元首丛脞[㉟]哉！股肱惰哉！万事堕[㊱]哉！"帝拜曰："俞，往钦哉！"

注 释

①海隅：海角，海边。常指僻远的地方。

②黎献：黎民中的贤者。献：古代指贤者，特指熟悉掌故的人。

③敷：分，散。这里指区分。

④额（é）额：不休息的样子。

⑤罔水行舟：没有水而在陆地上行船。比喻行为违背常理。

⑥朋淫：指群聚荒淫游乐。

⑦殄：尽，绝。世：父子相继。

⑧创：惩治。

⑨辛壬癸甲：古代以干支纪日。这里指从辛日到甲日四天时间。

⑩子：用作动词，指当作儿子那么爱护。

⑪荒度：大力治理，统盘筹划。荒：扩大，大。

⑫弼：重。这里指重新。五服：古代王畿外围，以五百里为一区划，由近及远分为甸服、侯服、绥服（一曰宾服）、要服、荒服，合称五服。服：指服侍天子。

⑬师：古代以二千五百人为一师。文中“十有二师”即为三万人。

⑭薄：“迫”，迫近，接近。

⑮五长：指每五个诸侯国设立一个主管治水的首领。

⑯迪：引导。

⑰即工：就工，指从事治水这件事。即：就，从事。

⑱叙：顺。

⑲方：正。

⑳象刑：指把刑罚刻在器物上。

㉑戛击鸣球：指敲打石磬。戛：敲。球：美玉。这里指石磬。

㉒搏拊：抚奏乐器。

㉓祖考：祖先，远祖。

㉔虞宾：指尧子丹朱。因虞以宾礼待之，故称。

㉕下管鼗（táo）鼓：指在堂下吹管乐、敲小鼓。鼗：长柄的摇鼓。

㉖合止柷敔（zhù yǔ）：乐曲开始时击柷，终止时敲敔。

㉗镛：大钟，古代的一种乐器。间：夹杂，参杂。

㉘跄跄：跳舞的样子。

㉙仪：容止仪表。

㉚元首：指君主。

㉛飏（yáng）言：高声朗朗地讲话。

㉜宪：法令。

㉝省（xǐng）：省察，检查。

㉞赓（gēng）载：相续而成。赓：继续，连续。

㉟丛脞（cuǒ）：烦琐，细碎。

㊱堕：荒废，废弃。

译　文

大禹说："好啊！舜帝，普天之下，最远到海角的百姓，各诸侯国中的贤人，都是您的臣子，您要善于举用他们。臣子全面地奏告自己的政绩，君主公开地考核他们的功绩，用车马服饰来作为赏赐。像这样，谁敢不谦让？谁敢不恭敬地响应？舜帝不善于分辨好坏，把他们看成是相同的，那么每天都进用人，也是没有功效的。不要像丹朱那样骄傲，只喜好浪荡游玩，性情傲慢，残害百姓。不论早晚，都不停息。在没有水的陆地上行舟，行为违背常理。聚众在家放纵游乐，因此断绝了继承帝位的机会。我会惩治他的这种行为。我娶了涂山氏为妻，过了四天就去治理洪水了。启生下来呱呱地啼哭，我没有空把他当儿子那么爱护，只管尽力治理水土。我重新规划了王畿周围五等服侍君主的地区，四方相距达到五千里。每州选取三万人，从九州到四海，每五个诸侯国设立一个主管治水的首领，各自引导诸侯们去治理水患。三苗族愚顽不听从号令去治水，舜帝您要考虑这件事啊！"舜帝说："我们要用德行去开导他们，你做好自己的事情，他们会顺从的。皋陶正是敬重那些顺从的人，正在把刑罚刻画到器物上，来使民众明白。"

夔说："轻轻地敲打石磬，弹奏琴瑟乐器，一起来歌唱。"祖先们的灵魂到来，尧帝的子嗣坐在客人的位子上，各个诸侯首领互相谦让。庙堂下吹着管乐、敲着小鼓，乐曲开始时击柷，终止时敲敔，笙和钟夹杂在中间交替演奏。禽鸟飞来，野兽舞动，韶乐演奏了九曲之后，凤凰也飞来翩翩起舞。夔说："啊！我击打石磬，各种禽兽都来起舞。各位官长也都一起来跳舞吧。"

舜帝因此作歌说："尊奉上天的旨意，要时时小心谨慎啊。"于是唱道："大臣们高兴啊！君主振奋啊！各种事业都兴起啊！"皋陶跪拜叩头大声地说道："要记住啊！统率好自己做的事情，谨慎地对待法度，要努力啊！多次考察做成的事情，要认真啊！"然后又继续唱道："君主英明啊！大臣贤良啊！万事都安康啊！"又唱道："君主琐碎没有大志啊！大臣懒惰懈怠啊！万事都荒废啊！"舜帝拜谢说："是啊！你们努力去做吧！"

夏书

禹贡第一

原　文

禹别九州，随山浚川，任土作贡[①]。

禹敷土[②]，随山刊木，奠[③]高山大川。

冀州：既载壶口[④]，治梁及岐。既修太原，至于岳阳。覃怀厎绩[⑤]，至于衡漳[⑥]。厥土惟白壤，厥赋惟上上[⑦]，错[⑧]，厥田惟中中。恒、卫既从[⑨]，大陆既作。岛夷皮服，夹[⑩]右碣石入于河。

济、河惟兖州：九河既道[⑪]，雷夏既泽，灉、沮会同。桑土既蚕，是降丘宅土[⑫]。厥土黑坟[⑬]，厥草惟繇[⑭]，厥木惟条[⑮]。厥田惟中下，厥赋贞[⑯]，作十有三载乃同。厥贡漆丝，厥篚织文[⑰]。浮[⑱]于济、漯，达于河。

海、岱惟青州：嵎夷既略[⑲]，潍、淄其道。厥土白坟，海滨广斥[⑳]。厥田惟上下，厥赋中上。厥贡盐絺，海物惟错。岱畎丝、枲、铅、松、怪石[㉑]。莱夷作牧[㉒]。厥篚檿丝[㉓]。浮于汶，达于济。

海、岱及淮惟徐州：淮、沂其乂，蒙、羽其艺[㉔]，大野既猪[㉕]，东原厎平[㉖]。厥土赤埴[㉗]坟，草木渐包[㉘]。厥田惟上中，厥赋中中。厥贡惟土五色，羽畎夏翟[㉙]，峄阳孤桐[㉚]，泗滨浮磬[㉛]，淮夷蠙珠[㉜]暨鱼。厥篚玄纤缟[㉝]。浮于淮、泗，达于河。

注释

①任土作贡：依据土地的具体情况，制定贡赋的品种和数量。任：依凭，根据。

②敷土：即上文所说的“别九州”。指区分九州的疆土。

③奠：定，确定。

④既：已经。载：事。这里指从事，治理。

⑤厎绩：致功，取得功绩。厎：致。

⑥衡漳：指横流入河的漳水。衡：通“横”。

⑦上上：指第一等。本文将赋税与土地分为上上、上中、上下、中上、中中、中下、下上、下中、下下九等。

⑧错：杂乱，交错。

⑨从：顺从。这里指顺流入海。

⑩夹：靠近，接近。

⑪道：引导，疏导。

⑫降丘宅土：指从山丘迁移到平地上居住。

⑬坟：指土地肥沃。

⑭繇（yáo）：草茂盛。

⑮条：植物的细长枝。

⑯贞：疑为“下下”之误。

⑰篚（fěi）：圆形的盛物竹器。织文：染有花纹的丝织品。

⑱浮：乘舟。

⑲略：规划土地。

⑳斥：盐碱地。

㉑畎：山谷。枲（xǐ）：大麻的雄株，只开雄花，不结果实，称“枲麻”。铅：黑锡。

㉒作牧：畜牧，放牧。

㉓檿（yǎn）丝：蚕食檿桑叶所吐的丝。

㉔艺：种。

㉕猪：通“潴（zhū）”，水积聚处。

㉖厎平：得以平复，得到治理。

㉗埴：黏土。

㉘渐包：亦作“渐苞”。不断滋长、丛生。

㉙夏翟：亦作“夏狄”。长着五色羽毛的野鸡。

㉚孤桐：特生的梧桐。

㉛浮磬：水边一种能制磬的石头。

㉜蠙（bīn）珠：蚌珠，珍珠。

㉝玄纤缟：黑丝和细白绢。

译 文

大禹规定九州的界限，沿着山势砍伐树木作为标识，疏通河道，根据土地出产的粮食多少制定贡赋的标准。

大禹规定土地疆界，沿着山势砍伐树木作为标识，用高山大河确定各州的界限。

冀州：治理好壶口的水患后，就去治理梁山和岐山。修整好太原的水土后，又修到了太岳山的南边。治理覃怀有了成效后，又去到横流入河的漳水边。这里的土地是白壤，上缴的赋税等级是第一等，也夹杂有第二等，田地的质量是第五等。恒水、卫水已经顺流入海，那大陆泽一带也就治理好了。海岛上的居民进贡皮质衣服，从靠近碣石山右侧一带进入黄河。

济水、黄河之间是兖州：黄河下游的九条河流已经疏通，雷夏已经成为湖泽，灉水、沮水汇合流入泽中。栽种桑树的地区已经养了蚕，当地的人都从山丘迁移到平地上居住。这里的土地色黑而肥沃，野草茂盛，树木枝条修长。田地的质量是第六等，上缴的赋税等级是第九等，耕种十三年才与其他州相同。这里的贡品是漆和丝，还有用竹筐盛着的彩色丝织品。贡品从济水、漯水用船运达黄河。

渤海、泰山之间是青州：嵎夷治理好后，潍水、淄水就疏通了。这里的土地色白而肥沃，海边有一大片盐碱地。这里的田地质量是第三等，上缴的赋税等级是第四等。这里的贡品是盐和细葛布，还夹杂各种海产品。还有泰山山谷地区出产的丝、大麻、黑锡、松树和怪石。莱夷地区的人从事放牧工作。进贡用竹筐盛着的檿桑叶蚕丝。这些贡品从汶水用船运达济水。

渤海、泰山及淮河之间是徐州：淮河、沂水治理好后，蒙山、羽山的土地就可以种植了，巨野泽已经积水成为湖泽了，东原地区的水患也就能够平复了。这里的土地是红壤，又黏又肥沃，草木不断滋长丛生。这里的田地质量是第二等，上缴的赋税等级是第五等。贡品是五色土，羽山山谷长着五色羽毛的野鸡，峄山南边特生的桐树，泗水边上一种能做磬的石头，淮水一带出产的珍珠和鱼。还有用竹筐盛着的黑色和白色的丝绢。这些贡品从淮河、泗水用船运达黄河。

原　文

淮、海惟扬州：彭蠡既猪，阳鸟攸居[①]。三江既入，震泽底定。筱簜[②]既敷，厥草惟夭[③]，厥木惟乔[④]。厥土惟涂泥[⑤]。厥田唯下下，厥赋下上，上错。厥贡惟金三品[⑥]，瑶琨、筱簜、齿、革、羽、毛惟木[⑦]。岛夷卉服[⑧]。厥篚织贝[⑨]，厥包桔柚，锡贡[⑩]。沿于江、海，达于淮、泗。

荆及衡阳惟荆州：江、汉朝宗[⑪]于海，九江孔殷[⑫]，沱、潜既道，云土、梦作乂[⑬]。厥土惟涂泥，厥田惟下中，厥赋上下。厥贡羽、毛、齿、革惟金三品，杶、干、栝、柏[⑭]，砺砥、砮、丹惟菌簵、楛[⑮]，三邦底贡厥名。包匦菁茅[⑯]，厥篚玄纁玑组[⑰]，九江纳锡[⑱]大龟。浮于江、沱、潜、汉，逾于洛，至于南河。

荆、河惟豫州：伊、洛、瀍、涧既入于河，荥波既猪。导菏泽，被[⑲]孟猪。厥土惟壤[⑳]，下土坟垆[㉑]。厥田惟中上，厥赋错上中。厥贡漆、枲、絺、纻[㉒]，厥篚纤纩[㉓]，锡贡磬错[㉔]。浮于洛，达于河。

华阳、黑水惟梁州：岷、嶓既艺，沱、潜既道。蔡、蒙旅[25]平，和夷厎绩。厥土青黎[26]，厥田惟下上，厥赋下中，三错。厥贡璆、铁、银、镂、砮、磬、熊、罴、狐、狸、织皮[27]。西倾因[28]桓是来。浮于潜，逾于沔，入于渭，乱[29]于河。

黑水、西河惟雍州：弱水既西，泾属渭汭[30]，漆沮既从，沣水攸同。荆、岐既旅，终南、惇物，至于鸟鼠。原隰厎绩，至于猪野。三危既宅，三苗丕叙。厥土惟黄壤，厥田惟上上，厥赋中下。厥贡惟球、琳、琅玕[31]。浮于积石，至于龙门、西河，会于渭汭。织皮昆仑、析支、渠搜，西戎即叙。

注释

①阳鸟：即阳岛，指南面各岛。攸：安闲。

②筱簜（xiǎo dàng）：竹。筱：小竹。簜：大竹。

③夭：草木茂盛美丽。

④乔：高。

⑤涂泥：湿润的泥土。

⑥金三品：指金、银、铜。

⑦瑶琨：泛指美玉、美石。齿：指象牙。毛：通“牦”，牦牛尾。惟木：《史记·夏本纪》《汉书·地理志》均无此二字，疑为衍文。

⑧卉服：用绨葛制成的衣服。

⑨织贝：织有贝壳花纹的锦。

⑩锡贡：待天子有令而后进贡。有别于常贡。

⑪朝宗：本意指臣下朝见帝王。这里比喻小水流注大水。

⑫九江：指流入洞庭湖的九大水系。孔殷：即大正，指基本确定。殷：正。

⑬云土：及下文“梦”，即云梦泽。

⑭杶：通“椿”，香椿。干：木名，即柘树。栝（guā）：指桧树。

⑮砺砥：磨刀石。粗者为砺，细者为砥。砮（nǔ）：可以做箭镞的石头。惟：犹与、及。菌簬（lù）：一种细长节稀的竹子，可做箭杆。簬：通“簵”。楛（hù）：古书上指荆一类的植物，茎可制箭杆。

⑯匦（guǐ）：箱子，小匣子。菁茅：香草名，茅的一种。古代祭祀时用以缩酒。

⑰玄纁（xūn）：黑色和浅红色的布帛。玑组：珠串。

⑱纳锡：入贡。

⑲被：通“陂”，堤防。

⑳壤：松软的土，可耕之地。

㉑坟垆：高起的黑色硬土。

㉒纻（zhù）：苎麻。

㉓纤纩（kuàng）：细丝绵。

㉔磬错：磨磬用的石头。

㉕旅：治理。

㉖青黎：疏松肥沃的黑土。黎：疏散。

㉗璆：通“球”，美玉。镂：可供刻镂用的刚坚的金属。罴（pí）：熊的一种，即棕熊，又叫马熊。织皮：用兽毛织成的呢毡之类。

㉘因：依，顺着。

㉙乱：横渡。

㉚汭（ruì）：河流汇合的地方或河流弯曲的地方。

㉛琳：美玉。琅玕（láng gān）：似珠玉的美石。

译文

淮河、渤海之间是扬州：彭蠡已经积水成为湖泽后，南方各岛可以安居。岷江、汉水和彭蠡已经流入大海后，震泽就能够安定了。大小竹子已经遍布各地，野草茂盛，树木高大。这里的土地潮湿，田地质量是第九等，上缴的赋税等级是第七等，夹杂有第六等。这里的贡品是金、银、铜三种金属，还有玉石、大小竹子、象牙、兽皮、鸟羽、牦牛尾。岛上的居民穿𫄨葛制成的衣服。用竹筐盛着的织有贝壳花纹的锦、包好的桔柚，等待天子有令后上贡。这些贡品沿着长江、黄海用船运达淮河、泗水。

荆山和衡山南面是荆州：长江、汉水流向黄海，洞庭湖的九大水系基本确定，沱水、潜水已经疏通，云梦泽一带能耕种治理了。这里的土地潮湿，田地质量是第八等，上缴的赋税等级是第三等。这里的贡品有鸟羽、牦牛尾、象牙、兽皮及金、银、铜三种金属，还有香椿、柘木、桧树、柏树这些木材，粗细不同的磨刀石、造箭镞的石头、丹砂以及细长的竹子、楛木，那里的三个诸侯国进贡当地有名的特产。另外的贡品还有包裹好的菁茅，用竹筐盛着的黑红色的布帛和珠串，九江一带进贡了大龟。这些贡品乘船经过长江、沱水、潜水、汉水，再走陆路到洛水，最后到达南河。

荆山、黄河之间是豫州：伊水、洛水、瀍水、涧水都已经流入黄河后，荥波就形成了湖泽。疏通菏泽，在孟诸泽筑了堤防。这里的土地是细软可以耕种的土壤，下面的土层是高起的黑色硬土。这里田地的质量是第四等，上缴的赋税等级是第二等，夹杂有第一等。这里的贡品是漆、大麻、细葛布、苎麻，还有用竹筐盛着的细丝绵和磨磬用的石头，等待天子有令后再上贡。这些贡品从洛水乘船到达黄河。

华山南部、黑水之间是梁州：岷山、嶓冢山已经能种植粮食了，沱水、潜水已经疏通了。峨眉山、蒙山治理平复后，和水地区的百姓取得了治水的功绩。这里的土地是疏松肥沃的黑土，田地质量是第七等，上缴的赋税等级是第八等，还夹杂着第七等和第九等。这里的贡品是美玉、铁、银、可以刻镂的刚铁、可以做箭镞的石头、磬、熊、棕熊、狐狸、狸猫和用兽毛织成的呢毡。西倾山的贡品沿着桓水到来。从潜水乘船，然后上岸陆行到沔水，进入渭水，横渡到黄河。

黑水、西河之间是雍州：弱水已经疏通向西流去，泾河流入渭河，互相汇合在一起，漆沮已经流入洛水顺着流向黄河，沣水也向北汇入渭河。荆山、岐山治理好后，终南山、惇物山到鸟鼠山都治理好了。原隰的治理获得功绩后，一直到猪野泽都得到了治理。三危山已经能居住，三苗族也非常顺服了。这里的土地是黄色的，田地质量是第一等，上缴的赋税等级是第六等。这里的贡品是美玉、美石、珠宝。这些贡品从积石山乘船到达龙门、西河，与渭河过来的船只会合进入黄河。昆仑、析支、渠搜地区的人上贡用兽毛织成的呢毡。西戎各族都安定顺从。

原 文

导岍及岐，至于荆山，逾于河。壶口、雷首至于太岳。厎柱、析城至于王屋。太行、恒山至于碣石，入于海。

西倾、朱圉、鸟鼠至于太华。熊耳、外方、桐柏至于陪尾。

导嶓冢至于荆山。内方至于大别。岷山之阳至于衡山，过九江至于敷浅原。

导弱水至于合黎，余波入于流沙[①]。

导黑水至于三危，入于南海。

导河、积石，至于龙门；南至于华阴；东至于厎柱；又东至于孟津；东过洛汭，至于大伾；北过降水，至于大陆；又北，播[②]为九河，同为逆河[③]，入于海。

嶓冢导漾，东流为汉；又东，为沧浪之水；过三澨，至于大别，南入于江。东，汇泽为彭蠡；东，为北江，入于海。

岷山导江，东别为沱；又东至于澧；过九江，至于东陵；东迤[④]北，会于汇；东为中江，入于海。

导沇水，东流为济，入于河，溢[⑤]为荥；东出于陶丘北，又东至于菏；又东北，会于汶；又北东，入于海。

导淮自桐柏，东会于泗、沂，东入于海。

导渭自鸟鼠同穴，东会于沣，又东会于泾；又东过漆沮，入于河。

导洛自熊耳，东北，会于涧、瀍；又东，会于伊；又东北，入于河。

注 释

①余波：水的末流。流沙：沙漠。

②播：分布，散布。

③逆河：指黄河入海处的一段河流。以迎受海潮而得名。

④迤（yǐ）：斜着延长。

⑤溢：充满而流出来。

译 文

疏通岍山和岐山的道路，到达荆山，越过黄河。疏通壶口山、雷首山的道路到达太岳山。从底柱山、析城山到达王屋山。从太行山、恒山到达碣石山，最后进入渤海。

疏通西倾山、朱圉山、鸟鼠山的道路到达太华山。疏通熊耳山、外方山、桐柏山的道路到达陪尾山。

疏通嶓冢山到达荆山。从内方山到达大别山。从岷山的南面到达衡山，过洞庭湖到达敷浅原。

疏通弱水到达合黎山，下游流入了沙漠地区。

疏通黑水到达三危山，流入了南海。

疏通黄河，从积石山开始，直到龙门山；向南到达华山北面；向东到达底柱山；再向东到达孟津，经过洛水与黄河的交界处，到达大伾山；向北经过降水，到达大陆泽；再向北分成九条支流，再一同汇合成逆河，流入大海。

从嶓冢山疏通漾水，向东流成为汉水；再向东流成为沧浪水；经过三澨水，到达大别山，向南流入长江。向东汇成湖泽叫彭蠡泽；向东，成为北江，流入大海。

从岷山疏通长江，向东分出一条支流叫沱江；再向东到达澧水；经过洞庭湖，到达东陵；再向东斜着延伸向北，与淮河汇合；向东成为中江，流入大海。

疏通沇水，向东流成为济水，流入黄河，河水满溢出来汇合成荥泽；向东从定陶北部流出，再向东到达菏泽；又向东北，与汶水汇合；又向北，再转东，流入大海。

疏通淮河，从桐柏山开始，向东与泗水、沂水汇合，再向东流入大海。

疏通渭河，从鸟鼠同穴山开始，向东与沣水汇合，再向东与泾水汇合；又向东经过漆沮山，流入黄河。

疏通洛水，从熊耳山开始，向东北与涧水、瀍水汇合；再向东与伊水汇合；又向东北，流入黄河。

原　文

九州攸同[①]：四隩[②]既宅，九山刊旅[③]，九川涤[④]源，九泽既陂[⑤]，四海会同。六府孔修，庶土交正[⑥]，厎慎财赋，咸则三壤成赋[⑦]。中邦[⑧]锡土、姓，祗台[⑨]德先，不距[⑩]朕行。

五百里甸服[⑪]。百里赋纳总[⑫]，二百里纳铚[⑬]，三百里纳秸服[⑭]，四百里粟[⑮]，五百里米。

五百里侯服。百里采[⑯]，二百里男邦[⑰]，三百里诸侯。

五百里绥服[⑱]。三百里揆[⑲]文教，二百里奋武[⑳]卫。

五百里要服[㉑]。三百里夷，二百里蔡[㉒]。

五百里荒服。三百里蛮[㉓]，二百里流[㉔]。

东渐[㉕]于海，西被[㉖]于流沙，朔南暨声教讫[㉗]于四海。禹锡玄圭[㉘]，告厥成功。

注　释

①同：齐一，统一。

②隩：通“墺”，可以定居的地方。

③刊旅：指斫木通道而作旅祭。

④涤：清除。这里指疏通河道。

⑤陂（bēi）：指堤坝。

⑥交正：指都要征收赋税。交：一齐，同时。正：通“征”，征税。

⑦则：准则，法则。三壤：古时按土质的肥瘠将耕地分为上、中、下三品。

⑧中邦：中原，中国。

⑨祗台：恭敬的样子。台：敬辞。

⑩距：通“拒”，拒绝。

⑪甸服：指主要为天子治田出谷者所在地区。甸：王田。

⑫总：禾穗，连穗带秆的禾把子。

⑬铚（zhì）：割下的禾穗。

⑭秸（jiē）服：指去掉藁芒的禾穗。

⑮粟：未去皮壳的谷粒。

⑯采：古代卿大夫的封地。亦称“采邑”。

⑰男邦：指男爵小国。

⑱绥（suí）服：指安服王者之政教者所在地区。绥：安抚。

⑲揆：管理，掌管。

⑳奋武：扬武，用武。

㉑要服：指用王者文教法度约束而服事者所在地区。要：约束，禁止。

㉒蔡：“法”也，意为相约遵守刑法。

㉓蛮：粗野，没开化。

㉔流：漂没，流动不定。

㉕渐：入，进入。

㉖被：覆盖。

㉗讫：通“迄”，到，至。

㉘玄圭：亦作“玄珪”，一种黑色的玉器，上尖下方，古代用以赏赐有特殊功绩的人。

译文

九州都统一治理好：四方的土地已经能居住，九座大山上都砍伐树木来作旅祭，九条大河都疏通了源流，九个湖泽都已经修筑了堤防，四海到内陆的道路都畅通了。六府得到很好的治理，各地的土地都要征收赋税，慎重地确定财物赋税的多少，都根据土地肥沃程度分成三个等级来确定赋税。九州内的诸侯都赏赐给他们土地和姓氏，恭敬地根据德行来确定先后，不违抗我的政令。

国都以外五百里叫甸服。距离一百里的缴纳连穗带秆的禾把子，二百里的缴纳稻穗，三百里的缴纳去掉藁芒的禾穗，四百里的缴纳未去皮壳的谷粒，五百里的缴纳精米。

甸服以外五百里叫侯服。距离一百里的是官员的采邑，两百里的是男爵小国，三百里的是诸侯国。

侯服以外五百里是绥服。靠前三百里的考察天子的文德教化并在自己的封地实行，后二百里的振兴武力保卫天子。

绥服以外五百里是要服。靠前三百里的要和平相处，后二百里的受法律约束。

要服以外五百里是荒服。靠前三百里的粗野不开化，后二百里的流徙不定。

向东进入大海，向西到达沙漠，从北到南，天子的命令和教化广布四海边境。大禹被赐予黑色的玉珪，宣告治水成功。

甘誓第二

原文

启与有扈战于甘之野[1]，作《甘誓》。

大战于甘，乃召六卿[2]。王曰："嗟！六事之人，予誓告[3]汝：有扈氏威侮五行[4]，怠弃三正[5]，天用剿绝[6]其命，今予惟恭行天之罚。左不攻于左[7]，汝不恭[8]命；右不攻于右，汝不恭命；御非其马之正，汝不恭命。用命[9]，赏于祖[10]；弗用命，戮于社[11]，予则孥戮[12]汝。”

注 释

①启：禹的儿子。有扈：是夏代时期一个部落或酋邦。

②六卿：指六军的将领。

③誓告：告诫。

④五行：水、火、木、金、土。我国古代称构成各种物质的五种元素，古人常以此说明宇宙万物的起源和变化。

⑤三正：指天、地、人的正道。

⑥剿绝：杀灭，灭绝。

⑦左不攻于左：战车左边的人不用箭射杀敌人。古时一辆战车上有三名甲士，左边的一位负责用箭射杀敌人，右边的一位负责用矛刺杀敌人，中间的一位负责驾车。

⑧恭：奉行。

⑨用命：指服从命令。

⑩祖：祖庙。

⑪社：指土地神。

⑫孥戮：做奴隶或者被杀死。孥：通“奴”，做奴隶。

译 文

启和有扈氏在甘的郊野地区交战，史官记录这件事写了《甘誓》。

将要在甘地举行一场大战，夏启就召来六军将领，说：“啊！领兵的六卿，我告诫你们：有扈氏轻慢五行化育万物的理论，废弃天、地、人的正道，因此上天要断绝他的国运，现在我只有恭敬地施行上天的惩罚。战车左边的人不用箭射杀敌人，你们就是不尊奉我的命令；右边的人不用矛刺杀敌人，你们就是不尊奉我的命令；中间驾驭马车的人不能让马平正地前进，你们就是不尊奉我的命令。服从命令的，我将在祖庙里给予赏赐；不服从命令的，便在社庙里进行惩罚，让你们做奴隶或者杀了你们。”

五子之歌第三

原　文

太康[1]失邦，昆弟五人须于洛汭[2]，作《五子之歌》。

太康尸位[3]，以逸豫[4]灭厥德，黎民咸贰[5]，乃盘游[6]无度，畋于有洛之表[7]，十旬弗反。有穷后羿因民弗忍[8]，距[9]于河。厥弟五人御[10]其母以从，徯于洛之汭。五子咸怨，述[11]大禹之戒以作歌。

其一曰：“皇祖有训，民可近，不可下[12]，民惟邦本，本固邦宁。予视天下愚夫愚妇一[13]能胜予，一人三失，怨岂在明？不见是图[14]。予临兆民[15]，懔乎若朽索之驭六马[16]，为人上者，奈何不敬？”

其二曰：“训有之：内作色荒[17]，外作禽荒[18]。甘酒嗜音，峻宇[19]雕墙。有一于此，未或不亡。”

其三曰：“惟彼陶唐，有此冀方[20]。今失厥道，乱其纪纲，乃厎灭亡。”

其四曰：“明明我祖，万邦之君。有典有则，贻[21]厥子孙。关石和钧[22]，王府则有[23]。荒坠厥绪[24]，覆[25]宗绝祀！”

其五曰：“呜呼曷归？予怀之悲。万姓仇予，予将畴依？郁陶[26]乎予心，颜厚有忸怩[27]。弗慎厥德，虽悔可追[28]？”

注释

①太康：姒姓，名太康，姒启长子，夏朝第三任君主。

②昆弟：指兄弟。须：等待，停留。

③尸位：指占着职位却不做事。

④逸豫：闲适安乐。

⑤贰：变节，背叛。

⑥盘游：游乐。

⑦表：指南面。

⑧有穷：古国名。在今山东省德县北。后羿：上古夷族的首领，善射。相传夏太康沉湎于游乐，羿推翻其统治，自立为君，号有穷氏。

⑨距：通“拒”，抵抗。

⑩御：侍奉。

⑪述：遵循。

⑫下：身份、地位低。这里用作动词，认为……低下。

⑬一：都，一概。

⑭图：谋划，反复考虑。

⑮临：治理，管理。兆民：万民。兆：数词。一百万，极言众多。

⑯懔：通“凛”，畏惧。朽索：朽腐的绳索。驭：驾御车马。

⑰色荒：指沉迷于女色。荒：沉迷。

⑱禽荒：指沉溺于田猎。

⑲峻宇：高大的屋宇。

⑳冀方：古泛指中原地区，冀州。

㉑贻：遗留，留下。

㉒关石：借指赋税。关：通“也”，相互有无，指交换。石：容量单位。和钧：使计量标准准确划一。钧：通“均”，相同，相等。

㉓有：富有，富裕。

㉔荒坠：指荒废坠失。绪：前人遗留下来的未竟的事业。

㉕覆：翻，倾倒，指覆灭。

㉖郁陶：指忧思。

㉗颜厚：脸皮厚，指不知羞耻。忸怩（niǔ ní）：羞愧。

㉘虽：即使。追：补救。

译文

太康失去帝位，他的五个兄弟在洛水北边等待他回来，写了《五子之歌》。

太康处在帝位上却不处理政事，因为贪图闲适安逸而丧失了国家，黎民百姓都背叛了他，他竟然还是没有节制地游玩，在洛水南面打猎，一百多天了也不返回国都。有穷国的后羿因为百姓不能容忍太康的行为，就在黄河边阻止太康回国。太康的五个弟弟侍奉他们的母亲也跟随着，在洛水北边等待太康回来。这五个弟弟都怨恨他，遵循大禹的训诫作成诗歌。

第一首唱道："先祖有训诫：百姓可以亲近，不可以轻视，只有百姓才是国家的根本，根本稳定了，国家才会安宁。我认为天下每个愚笨的人都能胜过我，一个人有许多过失，百姓的怨恨难道只能在明显的时候才考虑吗？要在还没有显现出来的时候就考虑。我治理千万百姓，恐惧得就像用枯朽的绳索驾驭六匹马一样，作为在上的君主，怎么能不谨慎呢？"

第二首唱道："先祖有训诫：在内沉迷于女色，在外沉迷于游猎。嗜好美酒和音乐，楼宇造得高大巍峨，宫墙雕刻得富丽堂皇。这些行为中若占了一条，没有君主不灭亡的。"

第三首唱道："那时候的唐尧，拥有了冀州这个地方。现在太康失去了正道。扰乱了尧的法度，就招致了灭亡。"

第四首唱道："英明的先祖大禹，是天下的君主。有法典有规则，遗留给他的子孙。统一征税的标准，官家的府库充足。现在荒废了前人的功业，覆灭了宗庙，断绝了祭祀！"

第五首唱道："唉！我们能归向哪里啊？我想到这里就觉得悲伤。万民都仇恨我们，我们能依附谁啊？我们心中抑郁忧愁，脸上带着羞愧。没有谨慎地修养品德，即使后悔还能补救吗？"

胤征第四

原 文

羲和湎淫[1]，废时乱日[2]，胤[3]往征之，作《胤征》。

惟仲康[4]肇位四海，胤侯命掌六师。羲和废厥职，酒荒于厥邑，胤后承王命徂征。

告于众曰："嗟予有众，圣有谟训，明征定保[5]，先王克谨天戒，臣人克有常宪，百官修辅[6]，厥后惟明明。每岁孟春[7]，遒人以木铎徇于路[8]，官师相规，工执艺事以谏[9]，其或不恭，邦有常刑。惟时羲和颠覆[10]厥德，沉乱[11]于酒，畔官离次[12]，俶[13]扰天纪，遐弃厥司[14]，乃季秋[15]月朔，辰弗集于房[16]，瞽[17]奏鼓，啬夫[18]驰，庶人走，羲和尸厥官罔闻知，昏迷于天象，以干[19]先王之诛，《政典》曰：'先时者[20]杀无赦，不及时者杀无赦。'今予以尔有众，奉将天罚。尔众士同力王室，尚弼予钦承天子威命。火炎昆冈，玉石俱焚。天吏逸德[21]，烈于猛火。歼厥渠魁[22]，胁从[23]罔治，旧染污俗，咸与维新。呜呼！威克厥爱[24]，允济[25]；爱克厥威，允罔功。其尔众士，懋戒哉！"

注 释

①湎：指沉溺于酒。淫：过分。

②废时乱日：指荒废了记载时日的职责，扰乱了天时节令。

③胤：国名。

④仲康：姒姓，启之子，太康之弟，夏朝第四任君主。

⑤明征定保：指明确地被证明是可以安定国家、保护百姓的。征：证明，验证。

⑥修辅：忠于职守以辅佐其君。

⑦孟春：春季的首月。

⑧遒（qiú）人：古代帝王派出去了解民情的使臣。木铎（duó）：以木为舌的大铃，铜质。古代宣布政教法令时，巡行振鸣以引起众人注意。徇：巡行。

⑨谏：直言规劝。

⑩颠覆：推翻，摧毁。

⑪沉乱：沉迷昏乱。

⑫畔官离次：违背官职，擅离职守。畔：通“叛”，违背，背离。次：官次，官职。

⑬俶（chù）：开始。

⑭遐：疏远。司：职掌，主管。

⑮季秋：秋季的第三个月，即农历九月。

⑯辰弗集于房：指太阳和月亮没有在房宿会合而发生了日食。辰：指日月交会之所。集：合。房：星名。二十八宿之一，东方苍龙七宿的第四宿。

⑰瞽：古代乐师。

⑱啬夫：掌管布帛的小官。

⑲干：冒犯，侵犯。

⑳先时者：指计算天象出现的时辰，提前了的情况。下文“不及时者”指落后了的情况。

㉑逸德：即失德。

㉒渠魁：首领，头领。

㉓胁从：指被胁迫而随从别人做坏事。

㉔威克厥爱：指威严能战胜私爱。

㉕允济：指一定能成功。允：确实，果真。济：成。

译　文

羲氏与和氏过度沉迷于美酒，荒废了记载时日的职责，扰乱了天时节令，胤侯去征伐他们，史官记录这件事，写下了《胤征》。

仲康开始登上帝位统治天下时，命令胤侯掌管六军。羲氏与和氏废弃自己的职责，在封地过度沉迷于美酒，胤侯奉行帝王的命令去征伐他们。

胤侯告诫众人说："啊！众人啊！圣人有谋略、有训诫，这些谋略和训诫明确地被证明是可以安定国家、保护百姓的，先王能谨慎地遵循上天的训诫，臣民能奉行常法，百官尽职尽责地辅佐君主，诸侯们也都很英明。每年春季的第一个月，被派去民间了解情况的使臣拿着铃铛在路上巡行，官员们互相规诫，工匠们依据技艺互相劝谏，其中有不奉行职守的，国家按照常法处罚他们。现在羲氏与和氏败坏了先王的德行教化，沉迷于美酒，违背官职，擅离职守，开始扰乱上天的秩序，抛弃自己的职责。于是在九月初一这天，太阳和月亮没有在房宿会合而发生了日食，乐官敲响大鼓，小官吏们驱赶马车，百姓奔走都去营救太阳，羲氏与和氏处在官位上却完全不知道这件事，昏庸糊涂不了解天象，因而触犯了先王的刑法，《政典》上说：'计算天象出现的时辰，提前了要诛杀，不能赦免；落后的也要诛杀，不能赦免。'现在我率领你们众人，奉行上天的惩罚。你们众将士要为王室共同出力，希望你们帮助我恭敬地秉承天子的威严命令。大火燃烧昆山时，美玉和石头一起被烧毁。天子的官吏失去德行，危害比猛火还要严重。歼灭这些贼寇中的首领，被迫跟从的人不要治罪，以前沾染污秽陋习的人，都让他们改过自新。啊！如果威严能战胜私爱，就一定能成功；如果私爱战胜威严，就一定不会有功绩。你们众人要谨慎努力啊！"

商书

汤誓第一

原文

伊尹相汤伐桀[1]，升自陑[2]，遂与桀战于鸣条之野，作《汤誓》。

王曰："格尔众庶，悉听朕言。非台[3]小子，敢行称乱[4]！有夏多罪，天命殛[5]之。今尔有众，汝曰：'我后不恤[6]我众，舍我穑事[7]，而割正夏[8]？'予惟闻汝众言，夏氏有罪，予畏上帝，不敢不正。今汝其[9]曰：'夏罪其如台[10]？'夏王率遏众力[11]，率割[12]夏邑。有众率怠弗协[13]，曰：'时日曷丧？予及汝皆亡。'夏德若兹，今朕必往。尔尚辅予一人，致[14]天之罚，予其大赉[15]汝！尔无不信，朕不食言[16]。尔不从誓言，予则孥戮汝，罔有攸赦。"

注释

①伊尹：商汤大臣，名伊，一名挚，尹是官名。相传生于伊水，故名。是汤之妻陪嫁的奴隶，后助汤伐夏桀，被尊为阿衡。相：辅佐。汤：即成汤，子姓，名履，又名天乙，商丘人，是契的第十四代孙，主癸之子，商朝的开国之君。桀：姒姓，夏后氏，名癸，一名履癸，谥号桀，史称夏桀，帝发之子，夏朝最后一位君主，是历史上有名的暴君。

②升：登，上。这里指北上。陑（ér）：古地名，在今山西省永济县南。

③台（yí）：表示“我”的谦称。

④称乱：举兵作乱。

⑤殛（jí）：诛杀。

⑥恤：怜悯。

⑦穑（sè）事：农事。穑：收获谷物。

⑧割：《广雅》云：“害也。”害：通“曷”，为什么。正：通“征”，征伐。

⑨其：大概。

⑩如台：即如何。

⑪率：语气助词，无义。遏：绝，尽。

⑫割：割取。这里指剥削。

⑬协：顺服。

⑭致：施加，施行。

⑮赉（lài）：赐予，给予。

⑯食言：说话不算数，不守信用。

译文

伊尹辅佐商汤讨伐夏桀，从陑地北上，于是和夏桀在鸣条郊外交战，史官记录这件事，写下了《汤誓》。

王说：“来吧！你们众人，都听我说。不是我敢举兵作乱！夏王犯下很多罪过，上天命令我去讨伐他。现在你们众人问：‘我们的君主不怜悯我们民众，为什么要放弃我们的农事，去征伐夏王呢？’我虽然听到了你们的话，但是夏氏有罪，我害怕上天，不敢不去征伐他。现在你们大概会问：‘夏氏的罪过到底是怎样的呢？’夏王用尽民力，剥削城邑里的百姓。民众都轻视怠慢他，不服从他，说：‘这个太阳什么时候消失啊？我要和你一起灭亡。’夏氏的德行像这样，现在我一定要去讨伐他。希望你们能帮助我，执行上天的惩罚，我会重重地赏赐你们！你们不要不相信，我不会说话不算数。如果你们不遵从誓言，我就让你们做奴隶，或者杀了你们，不会有赦免。”

仲虺之诰第二

原 文

汤归自夏，至于大坰，仲虺作诰[1]。

成汤放桀于南巢，惟有惭德[2]。曰："予恐来世以台为口实[3]。"

仲虺乃作诰，曰："呜呼！惟天生民有欲，无主乃乱，惟天生聪明时乂。有夏昏德，民坠涂炭[4]，天乃锡王勇智，表正[5]万邦，缵禹旧服[6]，兹率[7]厥典，奉若天命。夏王有罪，矫诬[8]上天，以布命于下。帝用不臧[9]，式[10]商受命，用爽[11]厥师。简[12]贤附势，实繁有徒[13]。肇我邦于有夏，若苗之有莠[14]，若粟之有秕[15]。小大战战[16]，罔不惧于非辜。矧[17]予之德，言足听闻[18]。惟王不迩声色，不殖[19]货利。德懋懋官[20]，功懋懋赏。用人惟己，改过不吝[21]。克宽克仁，彰信兆民。乃葛伯仇饷[22]，初征自葛，东征西夷怨；南征北狄怨，曰：'奚独[23]后予？'攸徂[24]之民，室家[25]相庆，曰：'徯予后，后来其苏[26]。'民之戴商，厥惟旧哉！佑贤辅德，显忠遂良[27]，兼弱攻昧[28]，取乱侮亡[29]，推亡固存[30]，邦乃其昌。德日新，万邦惟怀；志自满，九族乃离。王懋昭大德，建中[31]于民，以义制事，以礼制心，垂裕后昆[32]。予闻曰：'能自得师者王，谓人莫己若者亡。好问则裕，自用则小[33]。'呜呼！慎厥终，惟其始。殖[34]有礼，覆昏暴。钦崇天道，永保天命。”

注　释

①仲虺（huǐ）：奚仲的后裔，薛方国君主。也是汤的贤相，与伊尹一起辅佐商王。诰：告诫之文。

②惭德：因言行有缺失而内愧于心。

③口实：话柄。

④涂炭：烂泥和炭火，比喻极困苦的境遇。

⑤表正：指以身为表率而正之。

⑥缵（zuǎn）：继承。旧服：指从前所服行之事。

⑦率：遵行，遵循。

⑧矫诬：假托诈欺。

⑨臧（zāng）：善，好。

⑩式：通“试”，使用。

⑪爽：丧失，失去。

⑫简：怠慢，倨傲。

⑬实繁有徒：这样的人实在有很多。繁：多。

⑭莠（yǒu）：即狗尾草，一年生草本植物，样子很像谷子。

⑮秕（bǐ）：中空或不饱满的谷粒。

⑯小大战战：指全国大大小小的人都很害怕。战战：害怕得发抖。

⑰矧（shěn）：况且。

⑱言足听闻：指说出来足够让人感动震惊。

⑲殖：增殖，聚敛。

⑳德懋懋官：即勉于德者则勉之以官。指努力修养德行的人，就用官职勉励他。

㉑吝：顾惜，舍不得。

㉒葛伯仇饷：《孟子·滕文公》载，葛国与商国为邻，但是葛国平常不进行祭祀。商汤派人给他们送去牛羊等祭祀品，葛伯把这些牛羊都吃掉了，还派人抢了这些送东西的人，还杀了一个小孩子。于是，商汤恼怒了，派兵消灭了葛国。饷：给在田间劳动的人送饭。

㉓独：唯独，偏偏。

㉔徂：往，去。
㉕室家：家家户户。
㉖苏：缓解，解除。
㉗遂良：荐举贤良之士。
㉘兼弱攻昧：指兼并弱小的国家，攻击愚昧的国家。
㉙取乱侮亡：指夺取政治荒乱的国家，侵侮将亡的国家。
㉚推亡固存：指推翻应该灭亡的国家，巩固应该保存的国家。
㉛中：中正之道。
㉜垂裕后昆：为后世子孙留下功业或财产。
㉝自用：固执自己的意见。小：指狭隘。
㉞殖：树立，立。

译 文

商汤从夏国回来，到达大坰，仲虺写了诰文。

成汤把夏桀流放到南巢，内心感到羞愧。说："我担心后代把我当作话柄。"

于是仲虺就写了篇诰文，说："啊！上天生育百姓时就有欲望，如果没有君主就会混乱，因此上天生出有智慧的人来治理。夏国君主昏暗失德，百姓如同陷入烂泥和炭火之中，境遇艰难困苦，于是上天赐予大王您勇力和智慧，让您成为各国的表率去匡正夏国，继承大禹以前的功业，遵循他的法典，像奉行上天的旨意一样。夏王有罪，假托上天的旨意向百姓发布命令。上天因为夏王不善，让商国接受命令，因此，夏国就失去了百姓。怠慢贤人，依附权势，这样的人实在有很多。开始我们国家对于夏国来说，就像禾苗里的野草，谷粒里的空壳。全国大大小小的人都很害怕，没有谁不担心无罪却招致灾祸。况且我国中的美德，说出来足够让人感动震惊。大王您不近音乐美色，不聚敛货物财利。努力修养德行的人，就用官职来勉励他；努力建立功业的人，就用赏赐来勉励他。采用别人的建议和采用自己的想法一样，改正自己的过错不会吝惜。能够宽容仁爱，对万民表示了诚信。葛伯仇视我国给他们国家赠送粮食，杀了送东西的人，我们初次征讨是从攻打葛伯开始的。然后向东征讨，西边的外族就埋怨；向南征讨，北边的外族就埋怨，说：‘为什么偏偏后打我们这里呢？’您所征讨过的国家，那里家家户户都互相庆贺，说：‘等待我们的君主，君主来了就能缓解我们的困境。’百姓拥戴商国，已经很久了吧！护佑贤能的人，辅佐有德的人，显耀忠诚的人，举荐贤良的人，兼并弱小的国家，攻打愚昧的君主，夺取混乱的政权，轻慢亡国的君主，推翻应该灭亡的国家，巩固应该保存的国家，这样国家才会昌盛。德行每天都有更新进步，万国都会来归附；内心自满自大，九族亲人就会叛离。大王您努力昭示伟大的德行，在百姓心中树立中王之道，用符合道义的原则去处理事务，用礼法控制内心，给子孙留下财富。我听说：‘能自己找到老师的人能称王，认为别人没有比得过自己的人会灭亡。谦虚好问的人会富有，只听从自己想法的人就狭隘。’啊！要谨慎地保证好结果，就要有好的开始。树立有礼法的制度，昏暗残暴的国家就会覆亡。恭敬地推崇上天的道法，永久地保持上天的旨意。”

汤诰第三

原　文

汤既黜[1]夏命，复归于亳[2]，作《汤诰》。

王归自克夏，至于亳，诞告[3]万方。王曰：“嗟！尔万方有众，明听予一人诰。惟皇上帝，降衷[4]于下民。若有恒性[5]，克绥厥猷[6]惟后。夏王灭德作威[7]，以敷虐[8]于尔万方百姓。尔万方百姓，罹[9]其凶害，弗忍荼毒[10]，并告无辜于上下神祇。天道福善祸淫[11]，降灾于夏，以彰厥罪。肆[12]台小子，将[13]天命明威，不敢赦。敢用玄牡[14]，敢昭告于上天神后，请罪有夏。聿求元圣[15]，与之戮力[16]，以与尔有众请命。上天孚佑[17]下民，罪人黜伏[18]，天命弗僭[19]，贲[20]若草木，兆民允殖[21]。俾予一人辑宁[22]尔邦家，兹朕未知获戾[23]于上下，栗栗危惧，若将陨[24]于深渊。凡我造邦，无从匪彝[25]，无即慆淫[26]，各守尔典，以承天休。尔有善，朕弗敢蔽[27]；罪当朕躬[28]，弗敢自赦，惟简[29]在上帝之心。其尔万方有罪，在予一人；予一人有罪，无以尔万方。呜呼！尚克时忱[30]，乃亦有终。”

注　释

①黜：废除，取消。

②亳（bó）：中国古都名，帝喾及商朝的都城，故址位于今河南商丘、洛阳。

③诞告：广泛告知。

④衷：福，善。

⑤恒性：指本性。恒：故，本来。

⑥猷（yóu）：道，法则。

⑦作威：指利用威权滥施刑罚。

⑧敷虐：施行暴虐。

⑨罹（lí）：遭受，遭遇。

⑩荼毒：毒害，残害。

⑪福善祸淫：指降福给善人、降祸给恶人。淫：邪恶，奸邪。

⑫肆：故。

⑬将：奉行，秉承。

⑭敢用玄牡：指冒昧使用黑色公牛做祭品。敢：谦辞，自言冒昧。玄牡：古代祭天地用的黑色公牛。

⑮聿（yù）：遂，于是。元圣：大圣。这里指伊尹。

⑯戮力：协力，通力合作。

⑰孚佑：信任帮助。孚：相信，信任。

⑱黜伏：斥退，降服。

⑲僭（jiàn）：差失，罪过。

⑳贲（bēn）：美饰。这里指繁荣、旺盛。

㉑允殖：指生息繁衍。

㉒辑宁：安抚，安定。辑：和睦。

㉓获戾：得罪，获咎。

㉔陨：从高处掉下，坠落。

㉕匪彝（fěi yí）：指违背常规的行为。匪：假借为“非”，表示否定。彝：常规，法则。

㉖慆（tāo）淫：指享乐过度，怠慢放纵。慆：怠惰。

㉗蔽：隐瞒。

㉘躬：自身。

㉙简：检查，检验。

㉚忱（chén）：诚恳。

译 文

商汤废除了夏国的王命后，又回到了亳地，写下了《汤诰》。

商王汤战胜夏国回来，到达亳地，广泛地告知各地诸侯。商王说：“唉！你们各地的诸侯们，清楚地听取我的告诫。伟大的天帝，降下福泽给在下的百姓。顺从人们的本性，能使他们安于法度的就是君主。夏王毁灭德行，施用酷刑，普遍地残害你们各地的百姓。你们各地百姓，遭受他的凶残迫害，不能忍受他的毒害，都向天上地下的神灵们诉说自己的无辜。上天的法则是降福给善人、降祸给恶人，所以降下灾祸给夏国，来彰示他的罪过。所以我奉行上天的命令来显示他的威仪，不敢赦免夏王。我冒昧地使用黑色公牛做祭品，明确地告诉上天神灵，请求给夏王降罪。于是求得大圣人伊尹，与他同心协力，来为你们众人向上天请求保全性命。上天信任帮助在下的百姓，罪人就降服了；上天的命令没有差错，天下像草木一样繁荣，万民都能生息繁衍。上天让我一个人来安定你们的国家，现在我不知道讨伐夏国有没有得罪天地神灵，心怀恐惧，如同就要掉入深渊一样。凡是我建立的国家，不要遵从违背常规的法度，不要靠近过度享乐的生活，各自保守你们的法典，来接受上天的福泽。你们有好的方面，我不敢隐瞒；

我本身有罪过，也不敢自己赦免自己，一切在天帝的心中已经有所考核。你们各诸侯国有罪过，罪在我一人；我一个人有罪过，不用你们各诸侯国来承担。啊！希望我能这样真诚，也就会有个好结果。”

伊训第四

原　文

成汤既没[1]，太甲元年[2]，伊尹作《伊训》《肆命》《徂后》。

惟元祀[3]十有二月乙丑，伊尹祠[4]于先王。奉嗣王祇见厥祖，侯甸[5]群后咸在，百官总己以听冢宰[6]。伊尹乃明言烈祖[7]之成德，以训于王。

曰：“呜呼！古有夏先后，方[8]懋厥德，罔有天灾。山川鬼神，亦莫不宁，暨鸟兽鱼鳖咸若。于其子孙弗率[9]，皇天降灾，假手于我有命[10]，造[11]攻自鸣条，朕哉[12]自亳。惟我商王，布昭圣武，代虐以宽，兆民允怀。今王嗣厥德，罔不在初，立爱惟亲，立敬惟长，始于家邦，终于四海。呜呼！先王肇修人纪[13]，从谏弗咈[14]，先民时若。居上克明，为下克忠，与人不求备[15]，检身[16]若不及，以至于有万邦，兹惟艰哉！敷求哲人，俾辅于尔后嗣，制官刑[17]，儆于有位。曰：‘敢有恒舞于宫，酣歌[18]于室，时谓巫风[19]；敢有殉于货色[20]，恒于游畋，时谓淫风[21]；敢有侮圣言，逆忠直，远耆德[22]，比顽童[23]，时谓乱风[24]。

惟兹三风十愆[25]，卿士有一于身，家必丧；邦君有一于身，国必亡。臣下不匡，其刑墨[26]，具训于蒙士[27]。’呜呼！嗣王祗厥身，念哉！圣谟洋洋[28]，嘉言孔彰[29]。惟上帝不常，作善降之百祥，作不善降之百殃。尔惟德罔小，万邦惟庆；尔惟不德罔大，坠厥宗[30]。”

注释

①没：通“殁（mò）”，死。

②太甲元年：即太甲登上王位的第一年。太甲：商汤嫡长孙，太丁之子，商朝第四位君主。

③元祀：即元年。

④祠：引申为祭祀。

⑤侯甸：侯服与甸服的合称。

⑥总己：指率领自己的下属。冢宰：官名，即太宰。殷商置，位次三公，为六卿之首。

⑦烈祖：指建立功业的祖先。

⑧方：通“旁”，遍，广。

⑨于：至，到。率：遵行，遵循。

⑩假手：指借他人之手来达到自己的目的。有命：指有天命者，古代以天命之所归者为天子。

⑪造：创始，开始。

⑫哉：通“才”，始。

⑬人纪：指做君主的纲纪、原则。

⑭咈：违背，违逆。

⑮求备：指谋求完善齐备。

⑯检身：指检点自身。

⑰官刑：指惩戒官吏的刑罚。

⑱酣歌：指尽情地歌唱。

⑲巫风：指歌舞作乐的风俗。巫觋以歌舞事神，故称。

⑳殉：贪，追求。货色：指财货和美色。

㉑淫风：指沉迷于享乐的风气。

㉒耆（qí）德：指年老德高的人。

㉓比顽童：指亲近愚笨无知的人。比：靠近，挨着。

㉔乱风：指违背正理的风气。乱：违反。

㉕三风十愆（qiān）：指上文指出的巫风、淫风、乱风三种风气，和舞、歌、货、色、游、畋、侮圣言、逆忠直、远耆德、比顽童这十种罪过。愆：罪过，过失。

㉖墨：古代五刑之一。刺刻面额，染以黑色，作为惩罚的标记。

㉗蒙士：指浅学无知之士。

㉘洋洋：指美善。

㉙孔彰：亦作“孔章”，指非常显明，十分显著。

㉚坠：丧失，败坏。宗：宗庙。代指国家。

译文

成汤逝世后，太甲继承王位的第一年，伊尹写了《伊训》《肆命》《徂后》。

太甲元年十二月乙丑日，伊尹祭祀先王。他侍奉继承王位的太甲恭敬地去拜见祖先，侯服、甸服的官员和各诸侯国君主都来参加，百官率领自己的下属来听从冢宰伊尹的训示。伊尹于是明确地陈述了建立功业的先祖们的盛德，来告诫太甲。

伊尹说：“啊！古代夏的先王大禹，努力地修养德行，上天没有降下灾祸。山川鬼神也没有不安宁的，就连鸟兽鱼鳖都顺从他。等到他的子孙不遵从先人的德政，上天降下灾祸，借我们享有天命的成汤之手，从鸣条开始攻打夏桀，从亳开始实行美德。我们的商王成汤，宣示神圣的武德，用宽厚的政令取代残暴的政令，万民都信任归顺他。现在的帝王继承先王的德行，没有谁不是在初登帝位的时候开始。爱要从爱护亲人开始，敬要从尊敬老人开始，从家国内部开始，最终推广到全天下。啊！先王创建做君主的纲纪，听从臣民的劝谏，不违背他们，顺从先民好的意见。处在上位能够明察下情，做臣下时能够忠心，与人交往不要求他完善齐备，检点自身要像来不及一样，因此拥有了天下各国，这是很困难的啊！广泛地寻求贤人，让他们辅佐后代，制定惩罚官员的刑法，来警告有官位的人。成汤说：‘胆敢在宫室内经常观赏歌舞的，这叫作巫觋的风气；胆敢有贪求财物美色、经常游猎的，这叫作沉迷于享乐的风气；胆敢轻慢圣人的言论，违逆忠心正直的人，远离年老而有德行的人，亲近愚笨无知的人，这叫作违背正理的风气。这三种风气十种过错，卿士身上沾染了任何一种，他的食邑一定会丧失；诸侯身上沾染了任何一种，他的国家一定会灭亡。臣子不匡正君主的这种行为，就要用墨刑处罚他，用这些训示教化浅陋无知的人。’啊！大王您要警诫自身，时刻都要记住啊！圣人的谋划美好完善，他的美言非常明显。天帝不是一成不变的，他给做好事的人降下各种祥瑞，给做坏事的人降下各种灾祸。你修行德政不要怕小，即使再小，天下臣民都会庆贺；你做失德的事情即使不大，也会使国家灭亡。”

太甲上第五

原　文

太甲既立，不明[①]，伊尹放诸桐[②]。三年复归于亳，思庸，伊尹作《太甲》三篇。

惟嗣王不惠于阿衡[③]，伊尹作书曰：“先王顾禔天之明命[④]，以承上下神祇。社稷宗庙，罔不祗肃。天监[⑤]厥德，用集[⑥]大命，抚绥万方。惟尹躬克左右厥辟宅师[⑦]，肆嗣王丕承基绪[⑧]。惟尹躬先见于西邑夏[⑨]，自周[⑩]有终，相[⑪]亦惟终；其后嗣王，罔克有终，相亦罔终，嗣王戒哉！祗尔厥辟，辟不辟[⑫]，忝[⑬]厥祖。”

王惟庸[⑭]罔念闻。伊尹乃言曰：“先王昧爽丕显[⑮]，坐以待旦[16]。旁求俊彦[17]，启迪后人，无越厥命以自覆[18]。慎乃俭德，惟怀永图。若虞机张[19]，往省括于度则释[20]。钦厥止，率乃祖攸行，惟朕以怿[21]，万世有辞[22]。”

王未克变。伊尹曰：“兹乃不义，习与性成。予弗狎[23]于弗顺，营[24]于桐宫，密迩[25]先王其训，无俾世迷。王徂桐宫居忧[26]，克终允德。”

注　释

①不明：指昏庸而不贤明。

②诸：“之于”的合音。桐：地名，成汤墓地所在。

③惠：顺从。阿衡：职官名，为古代执政的大官。商汤时，由大臣伊尹掌权，商人遂以阿衡代指伊尹。

④顾：眷念，顾及。諟：通“是”，此。

⑤监：察看。

⑥集：降下。

⑦辟：君主。宅师：指使众人安居。

⑧丕承：指很好地继承。丕：大。基绪：指基业。

⑨西邑夏：夏的国都安邑在亳的西边，因此称西邑夏。

⑩周：诚，忠信。

⑪相：指辅佐的大臣。

⑫辟不辟：指做君主的不像君主。

⑬忝（tiǎn）：辱，有愧于。

⑭庸：平常。

⑮昧爽丕显：指天将亮未亮的时候。昧爽：指拂晓，黎明。显：明。

⑯旦：天亮，早晨。

⑰俊彦：指杰出之士，贤才。

⑱越：失坠，坠落。自覆：指自取灭亡。

⑲虞：古代掌管山泽的官。机张：指拉开弓弩。机：弓弩。张：开。

⑳往省括于度则释：指还要察看箭羽所放的位置后才会放箭。省：考察。括：箭的末端。度：限度。释：放开。

㉑怿（yì）：欢喜。

㉒辞：言辞。这里指好名声，被人称颂。

㉓狎：不重视或不注意。

㉔营：建造。

㉕密迩：亲近。

㉖居忧：指为父母尊长守丧。

译　文

太甲立为帝王之后，昏庸而不贤明，伊尹把他流放到了桐宫。太甲三年后再回到亳，想着建立功业，伊尹作了《太甲》三篇。

太甲不顺从阿衡伊尹的建议，伊尹上书说："先王顾念上天英明的旨意，顺从天地神灵，对于社稷宗庙，没有不恭敬严肃的。上天看到他的德行，所以降下伟大的使命，让他安定天下。我伊尹能够帮助君主使众人安居，因此大王您能很好地继承先王的基业。我伊尹亲自见到了夏国君主，自始至终都忠信。辅佐他的人也有始有终；继承他王位的桀，不能自始至终都忠信，辅佐他的人也不能有始有终，这是大王您要告诫自己的啊！要恭敬地遵循做君主的原则，做君主的不像君主，就是愧对先祖。"

太甲还是和以前一样，就像没有听到伊尹的话。伊尹就说："先王在天将亮未亮的时候就想着要做事，坐着等到天亮。广泛地寻求贤德的人，开导启发后人，不要失去先王留下的使命而自取灭亡。谨慎地保持您节俭的品德，考虑长久保存国家的方法。就像虞人射箭，拉开了弓，还要察看箭羽所放的位置后才会放箭。您要重视自己的行为，按照您先祖所做的那样，我就会觉得欣慰，您的美名也会流传后世。"

太甲不能改变自己的行为。伊尹说："大王做的事不符合道义，习惯了就会变成本性。我不能忽视不顺从教导的人，在桐地营造宫室，让他亲近先王的训诫，不致一生迷惑。大王去桐宫守丧，能成就他的美德。"

太甲中第六

原 文

惟三祀十有二月朔，伊尹以冕服[1]奉嗣王归于亳，作书曰："民非后，罔克胥匡[2]以生；后非民，罔以辟[3]四方。皇天眷佑[4]有商，俾嗣王克终厥德，实万世无疆[5]之休。"

王拜手稽首，曰："予小子不明于德，自底不类[6]。欲败度，纵败礼，以速戾[7]于厥躬。天作孽[8]，犹可违；自作孽，不可逭[9]。既往背师保[10]之训，弗克于厥初，尚赖匡救之德，图惟厥终。"

伊尹拜手稽首，曰："修厥身，允德协于下，惟明后。先王子惠困穷[11]，民服厥命，罔有不悦。并其有邦厥邻，乃曰：'徯我后，后来无罚。'王懋乃德，视[12]乃烈祖，无时豫怠[13]。奉先思孝，接下思恭。视远惟明，听德惟聪。朕承王之休无斁[14]。"

注 释

①冕服：古代的一种礼服名称。主要由冕冠、玄衣、纁裳、白罗大带、黄蔽膝、素纱中单、赤舄等构成。是古代帝王举行重大仪式所穿的礼服。

②胥匡：指互相帮助。胥：互相。

③辟：统治，治理。

④眷佑：指眷顾佑助。

⑤无疆：指没有穷尽，无限。

⑥类：善。

⑦速戾：指招致罪责。速：招致。

⑧孽：灾害，灾祸。

⑨逭（huàn）：逃避。

⑩师保：指辅弼帝王和教导王室子弟的官。这里指伊尹。

⑪子惠困穷：指像爱护儿子一样对困苦贫穷的百姓施加恩惠。

⑫视：效法。

⑬豫怠：指贪于安乐而怠惰。

⑭斁（yì）：厌倦，懈怠。

译文

太甲在位第三年的十二月初一，伊尹带着帝王的礼服去侍奉太甲回到亳，上书说："百姓没有君主，不能互相帮助生存下去；君主没有百姓，不能统治天下。上天眷顾帮助商国，使大王您能够最终保持好德行，实在是千秋万代的好事啊。"

太甲跪拜叩头，说："我昏庸无德，自己招致了不好的结果。欲望败坏了法度，放纵享乐败坏了礼制，从而为自己招致了罪责。上天造成的灾祸，还可以避开；自己造成的灾祸，无法逃避。以前我违背了您的训示，不能从最初修养德行，还得依赖您匡正救扶的恩德，谋求一个好结局。"

伊尹跪拜叩头，说："修养自身，用诚信的美德和谐臣下，这就是明君。先王像爱护儿子一样对困苦贫穷的百姓施加恩惠，百姓服从他的命令，没有不高兴的。他兼并邻国，邻国的百姓却说：'等着我们的君主到来，君主来了，我们就不会受到惩罚了。'大王您要努力修养德行，效法您伟大的先祖，不要时常享乐懈怠。尊奉祖先要想着孝顺，接近臣民要想着恭敬。能看到远处的情形才算视觉锐利，能听从有德之人的言辞才算耳朵敏锐。像这样，我将秉承您的美善德行而永不厌倦。"

太甲下第七

原　文

伊尹申诰于王曰："呜呼！惟天无亲，克敬惟亲。民罔常怀，怀于有仁。鬼神无常享[①]，享于克诚。天位艰哉！德惟治，否德乱。与治同道，罔不兴；与乱同事，罔不亡。终始慎厥与，惟明明后。

"先王惟时懋敬厥德，克配[②]上帝。今王嗣有令绪[③]，尚监兹哉。若升高，必自下；若陟遐[④]，必自迩。无轻民事，惟难；无安厥位，惟危。慎终于始。有言逆于汝心，必求诸道；有言逊[⑤]于汝志，必求诸非道。

"呜呼！弗虑胡[⑥]获？弗为胡成？一人元良[⑦]，万邦以贞[⑧]。君罔以辩言[⑨]乱旧政，臣罔以宠利居成功，邦其永孚[⑩]于休。"

注　释

①享：鬼神享用祭品。因鬼神享用祭品后就会保佑上供的人，故引申为"保佑"。

②配：符合。

③令绪：指伟大的事业或业绩。令：善。

④陟（zhì）遐：指远行。陟：登程，上路。遐：遥远。

⑤逊：恭顺。

⑥胡：文言疑问代词。为什么，怎样。

⑦元良：指大善至德。

⑧贞：端方正直。

⑨辩言：指巧言，诡辩。

⑩孚：保。

译　文

伊尹一再告诫太甲说：“啊！上天亲近的人不会固定不变，只亲近能够对它恭敬的人。百姓归附的人不会固定不变，只归附有仁德的人。鬼神保佑的人不会固定不变，只保佑真诚的人。天子这个位子很难坐啊！实行德政国家就可安定，不实行德政就会混乱。施行使国家安定的政策，没有不兴盛的；采用使国家混乱的做法，没有不灭亡的。始终能谨慎地与人交往，才是英明的君主。

“先王时常努力修养德行，能符合上天的旨意。现在您继承了一个好的基业，希望您还能看看先王的德行。如果登高，一定要从下面开始；如果走远路，一定要从近处开始。不要轻视百姓服役的事情，要想到它的艰难；不要认为自己的王位很安全，要想到它的危险。从始至终都要谨慎。有的言论违背了您的心意，一定要根据道义来衡量；有的言论顺从您的志向，一定要根据不合道义来衡量。

“啊！不思考怎么会有收获？不行动怎么会有成功？天子一人非常善良，天下人都会端方正直。君主不要用诡辩的言辞搅乱固有的政令，臣子不要凭借恩宠和利禄获得成功，那国家就会永远保持美好。”

咸有一德第八

原　文

伊尹作《咸有一德[①]》。

伊尹既复[②]政厥辟，将告归，乃陈戒于德。

曰："呜呼！天难谌[3]，命靡常。常厥德，保厥位。厥德匪常，九有[4]以亡。夏王弗克庸德，慢神虐民。皇天弗保，监于万方，启迪有命，眷求一德，俾作神主[5]。惟尹躬暨汤，咸有一德，克享[6]天心，受天明命，以有九有之师，爰革夏正[7]。

"非天私[8]我有商，惟天佑于一德；非商求[9]于下民，惟民归于一德。德惟一，动罔不吉；德二三[10]，动罔不凶。惟吉凶不僭[11]在人，惟天降灾祥在德。

"今嗣王新服厥命，惟新厥德。终始惟一，时乃日新。任官惟贤材，左右[12]惟其人。臣为上为德，为下为民。其难其慎，惟和惟一。德无常师[13]，主善为师。善无常主，协于克一。俾万姓咸曰：'大哉！王言。'又曰：'一哉！王心。'克绥[14]先王之禄，永厎[15]烝民之生。

"呜呼！七世之庙，可以观德。万夫之长，可以观政。后非民罔使；民非后罔事。无自广以狭人[16]，匹夫匹妇，不获自尽[17]，民主罔与成厥功。"

注　释

①一德：指纯一的德行。

②复：回归，还给。

③谌（chén）：相信。

④九有：指九州。

⑤神主：指百神之主。

⑥享：适应。

⑦爰革夏正：指于是改变了夏国的政治和历法。爰：于是。革：改变。正：农历一年的第一个月。这里泛指历法。古代改朝换代时，新建立的王朝需改变旧有的历法。

⑧私：偏爱。

⑨求：招来。

⑩二三：指不专一，反复不定。

⑪僭：差错。

⑫左右：指近臣，侍从。

⑬师：学习的榜样。

⑭绥：平安。这里指保守。

⑮厎：招致。

⑯自广：指自大。狭：窄小。这里指轻视。

⑰不获自尽：指不能尽心尽力。获：能够。自尽：尽自己的才力。

译文

伊尹作了《咸有一德》。

伊尹把朝政还给君主太甲后，打算请求回到自己的封地，于是陈述美德来告诫太甲。

伊尹说："啊！上天不能信任，因为天命不是一成不变的。只有经常修养德行，才能保住自己的帝位。不能经常修养德行，国家就会因此灭亡。夏王不能经常修养德行，轻慢神灵，残害百姓。上天不再保全他，考察天下各地，引导启发享有天命的人，殷切寻求纯一的德行，让它成为百神之主。只有我伊尹和成汤，都拥有纯一的德行，能够适应上天的心意，接受上天明确的使命，从而拥有天下的百姓，于是改变了夏国的政治和历法。

"不是上天偏爱我们商国，它只是帮助纯一的德行；不是商国招来在下的百姓，百姓只是归附纯一的德行。德行只要纯一，行动就没有不吉利的；德行如果经常改变，行动就没有不凶险的。吉凶施加在人们身上没有差错，是因为上天根据德行降下灾祸与祥瑞。

"现在大王您刚担负起天子的使命，就要重新修养自己的品德。始终保持纯一的德行，德行才能时常更新。任用贤良的人才做官，辅佐大臣要用这样的人。臣子在上要让君主实行德政，在下要为百姓着想。这样的人很难得到，要谨慎地去寻求，一定要心思相同、德行专一。培养德行没有固定不变的老师，主张善良的就是老师。善良没有固定不变的标准，能够符合纯一的德行就是善良。这就使万民都说：‘伟大啊！君王的话。’又说：‘纯一啊！君王的心。’这样就能保守先王的福禄，永远使百姓的生活安定。

“啊！从七代祖先的宗庙里，可以看到德。从统领万民的君主身上，可以看到政。君主没有百姓，就没有可役使的人；百姓没有君主，就没有可侍奉的人。不要自高自大而轻视别人，平民百姓不能尽心尽力，君主就不能成就功业。”

盘庚上第九

原　文

盘庚五迁，将治亳殷[①]，民咨胥怨[②]。作《盘庚》三篇。

盘庚迁于殷，民不适[③]有居，率吁众戚出[④]，矢言[⑤]。曰：“我王来，既爰宅于兹，重我民，无尽刘[⑥]。不能胥匡以生，卜稽[⑦]，曰其如台？先王有服，恪谨天命，兹犹不常宁。不常厥邑，于今五邦！今不承于古，罔知天之断命，矧曰其克从先王之烈？若颠木之有由蘖[⑧]，天其永[⑨]我命于兹新邑，绍[⑩]复先王之大业，厎绥四方。”

盘庚敩[⑪]于民，由乃在位以常旧服[⑫]，正法度。曰：“无或敢伏小人之攸箴[⑬]！”王命众，悉[⑭]至于庭。

注　释

①将治亳殷：一说为“将始宅殷”。意为打算在殷地营造宫室。

②咨：嗟叹。胥：皆，都。

③适：悦。

④率：因此。吁：呼告。戚：亲。这里指亲近的贵戚大臣。

⑤矢言：指陈述意见。矢：陈述。

⑥刘：杀戮。这里指伤害。

⑦卜稽：指占卜以求问。稽：考核，观察。

⑧颠木之有由蘖：指被砍到的树木重新长出了枝芽。蘖：草木萌生的新芽。

⑨永：延长。

⑩绍：继续，继承。

⑪敩（xiào）：教导。

⑫由：通“迪”，启迪。常旧服：指崇尚旧制。常：通“尚”，崇尚。旧服：从前的法则制度。

⑬无或：不要有人。或：有的人。伏：隐藏。箴（zhēn）：劝告，劝诫。

⑭悉：全都。

译文

盘庚第五次迁移国都，打算在殷地营造宫室，百姓都叹息埋怨他。史官记录这件事，作了《盘庚》三篇。

盘庚迁都到殷地，百姓不喜欢住在这里，因此盘庚招来一些亲近大臣，让他们陈述意见。大臣们说：“我们大王迁都到这里来，已经在这里建造了宅院，这是看重我们百姓，不让我们都受到伤害。如果我们不能互相帮助来生存，而依靠求神占卜，将会怎么样呢？先王遇到事情总是恭敬谨慎地顺从天命，这样还不能长久安宁。不能长久地住在同一个地方，到现在已经迁了五次国都！现在不继承先王的传统，就不知道上天断定的命运，更何况说能继承先王的伟大事业呢？如同被砍倒的树木重新长出了枝芽，上天大概是想让我们在这个新国都延续国运，继续复兴先王的大业，安定四方。”

盘庚教导百姓，启迪在位的官员们崇尚旧制，修整法度。说：“不要有人胆敢隐匿我对百姓的告诫！”商王命令众人，都到朝廷中来。

原 文

王若曰："格汝众，予告汝训汝，猷[1]黜乃心，无傲从康[2]。古我先王，亦惟图任旧人共政。王播告[3]之修，不匿厥指[4]，王用丕钦[5]。罔有逸[6]言，民用丕变。今汝聒聒[7]，起信险肤[8]，予弗知乃所讼[9]。

"非予自荒兹德，惟汝含德[10]，不惕[11]予一人。予若观火，予亦拙谋作，乃逸。若网在纲[12]，有条而不紊[13]；若农服田[14]，力穑乃亦有秋[15]。汝克黜乃心，施实德于民，至于婚友[16]，丕乃敢大言汝有积德。乃不畏戎毒于远迩[17]，惰农自安，不昏[18]作劳，不服田亩，越其罔有黍稷[19]。

"汝不和[20]吉言于百姓，惟汝自生毒，乃败祸奸宄，以自灾于厥身。乃既先恶于民，乃奉其恫[21]，汝悔身何及？相时憸民[22]，犹胥顾于箴言，其发有逸口，矧予制乃短长之命[23]？汝曷弗告朕，而胥动以浮言[24]，恐沉[25]于众？若火之燎[26]于原，不可向迩[27]，其犹可扑灭？则惟汝众自作弗靖[28]，非予有咎[29]。

"迟任有言曰：'人惟求旧，器非求旧，惟新。'古我先王暨乃祖乃父胥及逸勤，予敢动用非罚[30]？世选[31]尔劳，予不掩尔善。兹予大享[32]于先王，尔祖其从与享之。作福作灾，予亦不敢动用非德。

"予告汝于难，若射之有志[33]。汝无侮[34]老成人，无弱[35]孤有幼。各长于厥居。勉出乃力，听予一人之作猷。无有远迩[36]，用罪伐厥死[37]，用德彰厥善。邦之臧[38]，惟汝众；邦之不臧，惟予一人有佚[39]罚。

“凡尔众，其惟致告：自今至于后日，各恭尔事，齐[40]乃位，度[41]乃口。罚及尔身，弗可悔。”

注释

①猷（yóu）：图谋，谋划。

②康：安逸。

③播告：指布告，遍告。

④匿（nì）：隐藏，隐瞒。指：意旨，意向。

⑤丕钦：指非常尊敬。

⑥逸：过失。

⑦聒（guō）聒：形容喧噪的声音。

⑧起信：兴信。起而申说。信：通“伸”，申说。险肤：指恶意中伤的谣言。肤：浅薄。

⑨讼：争论。

⑩含德：指怀藏道德。含：藏而不露，隐藏在内。

⑪惕：通“施”，给。

⑫纲：网的总绳。

⑬有条而不紊（wěn）：形容有条理、有次序，一点不乱。紊：乱。

⑭服田：指努力在田中工作。

⑮力穑（sè）：指努力耕作。有秋：指丰收，有收成。

⑯婚友：指有姻亲关系的亲戚、朋友。

⑰戎毒：指大灾祸。戎：假借为“崇”，大。毒：祸患，祸害。远迩：远近。这里指时间早晚。

⑱昏：通“暋（mǐn）”，勉力。

⑲越其：即爰乃，于是就。黍稷：黍和稷，为古代主要农作物。泛指五谷。

⑳和：宣布。

㉑恫（tōng）：痛。

㉒相：察看。憸（xiān）：奸邪。

㉓短长之命：指生死。

㉔浮言：指没有根据的话。

㉕恐沉：指恐吓迷惑。

㉖燎：燃烧。

㉗向迩：靠近，接近。

㉘靖：善。

㉙咎：过失，罪过。

㉚非罚：指不合理的惩罚。

㉛选：通“算”，计算。

㉜大享：指合祀先王的祭礼。

㉝志：标记，记号。这里指箭靶。

㉞侮：轻慢，轻视。

㉟弱：看不起，小看。

㊱远迩：指亲疏。

㊲伐：批评，责备。死：恶。

㊳臧：善。

㊴佚：通“逸”，过失。

㊵齐：治理。

㊶度：限度。这里指限制，约束。

译文

商王这样说：“来吧，你们众人，我告诫你们，是想要去掉你们的私心，不要骄傲，不要去追求安逸享乐。从前我们的先王，也只是考虑任用旧臣共同治理朝政。先王施行发布的政令，旧臣们不隐瞒他的宗旨，所以先王非常尊敬他们。他们没有错误的言论，因此百姓们都有很大的改变。现在你们吵吵嚷嚷，起来申说一些恶意中伤的谣言，我不知道你们所争辩的是什么。

“不是我自己废弃了任用旧臣的美德，只是你们藏匿这种美德，不肯赐予我。我对你们的行为就像看火一样看得清楚，只是我的谋划拙劣，于是就成了过失。就像把网连接在总纲上，才会有条理而不会混乱；也像农夫种田，努力耕作才会有收获。你们能去掉自己的私心，施加实际的恩德给百姓，以至于有关系的亲友才敢大声地宣扬你们积累了美德。如果你们不害怕迟早会发生的大灾祸，使农夫懒惰安逸，不勤勉劳作，不在田地里耕种，那就不会收获粮食。

“你们不向百姓宣布好的言论，这是你们自己造成的祸患，于是发生灾害、导致奸邪，从而害了自身。你们既然引导人们去做坏事，那痛苦也应该由你们来承担，那时再后悔自己的行为又怎么来得及呢？看看这些小民，尚且顾及互相规劝的话语，顾及自己说出的话是否有错误，更何况我控制着你们的生死呢？你们为什么不告诉我，而用没有根据的言论去煽动，恐吓迷惑众人？就像大火在草原上燃烧一样，不能接近，难道还能扑灭吗？这是你们自己做得不好，不是我的过错。

“迟任有句话说：‘用人要寻求旧人，器物不要寻求旧的，要用新的。’从前我们的先王和你们的祖辈父辈们一起享受安乐，一起辛勤劳作，我怎么敢对你们动用不合适的惩罚呢？世人计算着你们的功劳，我不会掩盖你们做过的好事。现在我要祭祀先王，你们的祖先也跟着受到祭祀。我能降下福泽或者灾祸给你们，但是我也不敢动用不合适的惩罚或赏赐。

“我把苦难的事情告诉你们，就像射箭有箭靶一样。你们不要轻视年老的人，不要小看孤苦年幼的人。你们各自都要长久在这里居住，勤奋地付出你们的力量，听从我一个人的谋划。不管亲疏远近，用刑罚惩处犯罪的人，用奖赏赐予做好事的人。国家治理得好，是你们众人的功劳；国家治理得不好，是我一个人的过错。

“凡是你们众人，都要考虑我的告诫之语：从现在开始到以后，各自谨慎地做好自己的事情，处理好自己的职责，控制住自己的嘴巴不要乱说。不然的话，惩罚施加到你们身上，你们可不要后悔。”

盘庚中第十

原　文

盘庚作[1]，惟涉河[2]以民迁。乃话[3]民之弗率，诞告用亶[4]。其有众咸造，勿亵[5]在王庭。盘庚乃登进[6]厥民。

曰："明听朕言，无荒失[7]朕命！呜呼！古我先后[8]，罔不惟民之承保。后胥戚，鲜以不浮于天时[9]。殷降大虐，先王不怀厥攸作，视民利用迁。汝曷弗念我古后之闻？承汝俾汝惟喜康共，非汝有咎比[10]于罚。予若吁怀兹新邑，亦惟汝故，以丕[11]从厥志。

"今予将试以汝迁，安定厥邦。汝不忧朕心之攸困，乃咸大不宣[12]乃心，钦念以忱动予一人。尔惟自鞠[13]自苦，若乘舟，汝弗济，臭[14]厥载。尔忱不属[15]，惟胥以沉，不其或稽[16]，自怒曷瘳[17]？汝不谋长以思乃灾，汝诞劝[18]忧。今其有今罔后，汝何生在上？

"今予命汝一，无起秽[19]以自臭，恐人倚[20]乃身，迂[21]乃心。予迓[22]续乃命于天，予岂汝威，用奉畜[23]汝众。

注　释

①作：这里指做君主。

②涉河：指渡过黄河。

③话：会。

④亶（dǎn）：厚道，忠实。

⑤亵（xiè）：轻慢。

⑥登进：使人上前。

⑦荒失：废弃，荒废。

⑧先后：即先王。

⑨鲜：少。浮：通“孚”，信。

⑩比：比拟，当作。

⑪丕：大。

⑫宣：通“和”，和顺。

⑬自鞠（jū）：指自己钻牛角尖。鞠：穷，走投无路。

⑭臭：腐败。

⑮属：连接。这里指合作。

⑯稽：同，协调。

⑰瘳（chōu）：病愈。这里指好处。

⑱劝：勉励。这里指助长。

⑲起秽：指宣扬谣言。秽：肮脏，污浊。

⑳倚：偏，歪。

㉑迂：邪僻，不正。

㉒迓：迎。

㉓奉畜：指抚养。

译文

盘庚做了君主后，考虑渡过黄河带着百姓迁徙。于是集合那些不服从的臣民，真诚地劝告他们。这些百姓都来了，在朝廷中不敢轻慢随便。盘庚让他们向前靠近些。

盘庚说：“你们要听清楚我说的话，不要忽视我的命令！啊！从前我们的先王，没有谁不努力让百姓安居的。君主都亲近百姓，很少有不符合天时的事情。上天降大灾祸于我商国，先王不能安居在建造好的都城，考虑百姓的利益而迁徙。你们为什么不想想我们古代先王的传闻呢？我是顺从你们，让你们能够一起喜乐安康，并不是因为你们有错而用迁徙来惩罚。我这样呼吁你们到新都城来安居，也是为了你们，并且完全遵从先王的旨意。

“现在我打算带你们迁徙，安定我们的国家。你们不担忧我内心的困苦，竟然内心都很不顺从，不想着用真诚来打动我。而只是自己钻牛角尖、自寻烦恼，就像你们坐在船上，却不自己渡河，最终船会朽坏。你们真的不想合作，那就只有一起沉下去，不能协调一致，只是怨恨自己又有什么用？你们不长远考虑，想想以后的灾祸，你们这是在大大地助长忧患。现在你们只考虑眼前，不考虑将来，还怎么在地面上生存呢！

“现在我命令你们同心协力，不要传播谣言来抹黑自己，恐怕有人会让你们立身不正、心思邪僻。我接受上天的旨意延续你们的生命，哪里是威胁你们，而是要奉养你们众人。

原　文

“予念我先神后之劳①尔先，予丕克羞②尔用怀尔；然失于政，陈③于兹，高后丕乃崇④降罪疾，曰：‘曷虐朕民？’汝万民乃不生生⑤，暨予一人猷同心，先后丕降与汝罪疾，曰：‘曷不暨朕幼孙有比⑥？’故有爽⑦德，自上其罚汝，汝罔能迪⑧。

“古我先后既劳乃祖乃父，汝共作我畜民，汝有戕⑨则在乃心！我先后绥⑩乃祖乃父，乃祖乃父乃断⑪弃汝，不救乃死。兹予有乱政同位⑫，具乃贝玉⑬。乃祖乃父丕乃告我高后曰：‘作丕刑于朕孙！’迪高后丕乃崇降弗祥。

“呜呼！今予告汝：不易⑭！永敬大恤⑮，无胥绝远！汝分⑯猷念以相从，各设中⑰于乃心。乃有不吉不迪，颠越不恭⑱，暂遇奸宄⑲，我乃劓殄⑳灭之，无遗育㉑，无俾易种㉒于兹新邑。

"往哉生生！今予将试以汝迁，永建乃家。"

注 释

①劳：烦劳，麻烦。

②羞：进献。

③陈：久。

④崇：重。

⑤生生：指谋生。

⑥比：和，亲。

⑦爽：差错，失误。

⑧迪：逃，逃避。

⑨戕（qiāng）：杀害，残害。此处谓恶意。

⑩绥：安。引申为出言安慰。这里指告诉。

⑪断：绝对，一定。

⑫同位：指在相同职位上的大臣。

⑬具：备办。贝玉：贝和玉。泛指珍宝财货。

⑭易：轻易。这里指轻易行动。

⑮恤：忧，忧患。

⑯分：当。

⑰设中：指保持同心协力的想法。设：含，怀。中：和。

⑱颠越不恭：指不遵守法纪，不恭敬君主。颠：狂。越：逾。

⑲暂遇奸宄：指诈伪奸邪。暂：通"渐"，诈欺。遇：通"隅"，奸邪。

⑳劓（yì）殄：即刑殄，指将罪犯的家人全部杀绝。劓：割鼻的刑罚。殄：灭绝。

㉑遗育：指遗留后代。

㉒易种：指蔓延其种族。有生息、繁衍之意。

译 文

"我想到我们神圣的先王曾经劳烦你们的先祖，我才会把让你们安居的想法告诉你们；然而在政事上有失误，长久地居住在这里，先王就会重重地降下罪责，说：‘为什么虐待我的臣民？’你们万民不肯去谋生，和我同心协力地谋划，先王会重重降下罪责给你们，说：‘为什么不和我的幼孙亲近友好？’所以德行上有过错，上天就会惩罚你们，你们不能逃避。

“从前我们的先王已经劳烦你们的祖辈父辈，你们都作为我养育的臣民，但是你们的内心却怀着恶意！我的先王将会告诉你们的祖辈父辈，你们的祖辈父辈就会断然抛弃你们，不会挽救你们的危亡。现在我有扰乱政局的臣子在官位上，只知聚敛财物。你们的祖辈父辈于是告诉我们的先王说：‘对我的子孙动用大刑吧！’先王这才重重降下灾祸。

“啊！现在我告诫你们：不要轻易行动！要永远重视大的忧患，不要互相疏远！你们应该考虑顺从我，在各自的心中都要有同心协力的想法。有人不善良，不走正道，违法不恭，欺诈奸邪，我就用刑灭绝他们，不留他们的后代，不让他们的子孙在新都城繁衍生息。

“去吧！去谋取幸福的生活吧！现在我打算带你们迁徙，在新国都永久地建立你们的家园。”

盘庚下第十一

原　文

盘庚既迁，奠厥攸居，乃正[①]厥位，绥爰有众[②]。

曰：“无戏怠[③]，懋建大命[④]！今予其敷心腹肾肠[⑤]，历[⑥]告尔百姓于朕志。罔罪尔众，尔无共怒，协比[⑦]谗言予一人。

“古我先王将多于前功，适[⑧]于山。用降[⑨]我凶，德嘉绩于朕邦。今我民用荡析离居[⑩]，罔有定极[⑪]，尔谓朕曷震动万民以迁？肆上帝将复我高祖之德，乱越我家⑫。朕及笃敬⑬，恭承民命，用永地于新邑。肆予冲人⑭，非废厥谋，吊由灵各⑮；非敢违卜，用宏兹贲⑯。

“呜呼！邦伯师长百执事⑰之人，尚皆隐⑱哉！予其懋简相尔念敬我众⑲。朕不肩好货⑳，敢恭生生。鞠人谋人之保居㉑，叙钦。今我既羞告尔于朕志若否㉒，罔有弗钦！无总㉓于货宝，生生自庸。式敷民德，永肩㉔一心。”

注 释

①正：通“整”，使正，端正。

②绥：告诉。爰：于。

③戏：指追求享乐。怠：怠惰。

④懋建大命：指努力传达帝王的命令。懋：勉力。建：布告。

⑤敷心腹肾肠：指开诚布公，推心置腹。敷：布。

⑥历：数，尽数。

⑦协比：指勾结，依附。

⑧适：到，往。

⑨降：降低，减少。

⑩荡析离居：指家人离散，居无定所。

⑪定极：指安定的止息之处。极：止，至。

⑫乱越我家：指治理好我们的国家。乱：治理。越：于。

⑬及：通“汲”，急切的样子。笃敬：指笃厚诚敬。

⑭冲人：年幼的人。多为古代帝王自称的谦辞。

⑮吊由灵各：指这个美好的计划是由神灵谋划出来的。吊：善。灵各：即指神灵。

⑯宏：扩大，光大。贲（bì）：美饰。

⑰执事：指有职守之人，官员。

⑱隐：审度，考虑。

⑲简相：指考察，视察。敬：通“矜”，怜恤。

⑳肩：任用。好货：指贪财的人。

㉑鞠：养育，抚养。保居：即安居。

㉒若否：指顺从与否。

㉓总：聚合，汇集。

㉔肩：能。

译文

盘庚迁都后，确定好居住的地方，再决定宗庙朝廷的位置，然后安抚众人。

盘庚说："不要游玩懈怠，努力传达我的命令！现在我坦白自己的内心，把我的意思尽数告诉你们众人。我不是要惩罚你们众人，你们不要一齐怨恨我，联合勾结说坏话来诽谤我。

"从前我们的先王打算创建比前人更多的功劳，就迁徙到山地居住。因此降低了水灾带来的祸患，在我们国内得到了很好的功效。现在我们的臣民因为洪水而与家人离散，不能定居，你们问我为什么要惊动众人迁徙？是因为天帝要复兴我们高祖的美德，治理好我们的国家。我急切又恭谨地顺从上天的旨意，延续百姓的生命，因此要长久地在新都城居住。所以我这个年轻人，不敢废弃迁徙这个计划，这个美好的计划是由神灵谋划出来的；我不敢违背占卜，是为了光大这美好的事业。

"啊！各位诸侯首领、主管事务的官员们，希望你们都考虑考虑！我将努力考察你们顾念怜悯我的民众的情况。我不会任用贪财的人，愿意恭奉帮助百姓谋生的人。能养育百姓、为百姓谋划而让他们安居的人，我要依次敬重并任用他们。现在我已经把我心里同意或者不同意的想法都告诉了你们，你们不要有不顺从的！不要聚敛财物，应该为百姓谋生，建立功业。要施与百姓恩德，永远能够与他们同心协力。"

说命上第十二

原 文

高宗梦得说[①]，使百工营求诸野[②]，得诸傅岩，作《说命》三篇。

王宅忧[③]，亮阴[④]三祀。既免丧[⑤]，其惟弗言，群臣咸谏于王曰："呜呼！知之曰明哲，明哲实作则[⑥]。天子惟君万邦，百官承式[⑦]，王言惟作命，不言臣下罔攸禀令[⑧]。"

王庸作书以诰曰："以台正[⑨]于四方，惟恐德弗类[⑩]，兹故弗言。恭默思道，梦帝赉予良弼[⑪]，其代予言。"乃审厥象[⑫]，俾以形旁求于天下。说筑傅岩之野，惟肖[⑬]。爰立作相[⑭]。王置诸其左右。

命之曰："朝夕纳诲[⑮]，以辅台德。若金[⑯]，用汝作砺[⑰]；若济巨川，用汝作舟楫[⑱]；若岁大旱，用汝作霖雨。启乃心，沃[⑲]朕心，若药弗瞑眩[⑳]，厥疾弗瘳；若跣[㉑]弗视地，厥足用伤。惟暨乃僚，罔不同心，以匡乃辟。俾率先王，迪我高后，以康兆民。呜呼！钦予时命，其惟有终。"

说复[㉒]于王曰："惟木从绳[㉓]则正，后从谏则圣。后克圣，臣不命其承，畴敢不祗若王之休命？"

注释

①高宗：武丁，商朝国君。子姓，名昭，商王小乙之子。说：傅说，古虞国人，生卒年不详，殷商时期著名贤臣。

②野：民间。

③宅忧：指处在父母丧事期间。忧：居丧，多指居父母丧。

④亮阴：指帝王居丧。

⑤免丧：指守孝期满，除去丧服。

⑥则：法则。

⑦承式：指奉行法令。式：法度，规矩。

⑧禀令：指受命。

⑨正：标准，表率。

⑩类：善。

⑪赉（lài）：赐予，给予。良弼（bì）：指良佐，辅佐的良才。

⑫审：详尽，仔细。象：图像，形象。

⑬肖：相似，类似。

⑭相：古官名，百官之长，后通称宰相。

⑮朝夕纳诲：指早晚要进献善言。朝夕：早晨和晚上。诲：说教。

⑯金：刀、剑、箭等兵器。

⑰砺：粗磨刀石。

⑱舟楫：指船和桨。

⑲沃：灌溉，浇。

⑳瞑眩：指头晕目眩、眼睛睁不开的症状。

㉑跣（xiǎn）：赤脚走路。

㉒复：回复。

㉓绳：木工用以取直的墨线。

译文

高宗梦到一个叫说的贤人，让百官去各地努力寻找，最后在傅岩找到了。史官记录这件事，作了《说命》三篇。

高宗为父居丧三年。守孝期结束后，他还是不说话，群臣都劝谏说："啊！知晓事理就叫作明智，做到了明智就能制定法则。天子统治天下，百官都奉行您的法令，天子说的话就是命令，您不说话，下臣就没有可以秉承的命令。"

高宗于是写下文告来告诉群臣说："因为我要做天下的表率，但怕我的德行不够好，所以不说话。我恭敬地默默思索治理天下的方法，梦到天帝赐给我一个贤良的辅佐人才，他将代替我说话。"于是详尽地描绘了这个贤人的图像，让人凭借图像去全国各地寻求。说在傅岩的郊外筑墙，和高宗梦中的贤人长得很像。于是就任命他做宰相。高宗把他安置在自己的身边。

高宗命令他说："你早晚都要进献善言，来帮助我修养德行。如果我是兵器，就把你当作磨刀石；如果我要渡过大河，就把你当作船和桨；如果年岁大旱，就把你当作甘霖。开启你的内心，来浇灌我的内心，如果吃了药也不头晕目眩，那病就不会痊愈；如果光着脚走路不看地，那脚就会受伤。你和你的同僚们要齐心协力，来匡正你的君主。使他能遵循先王的旨意，沿着高祖的足迹，来让百姓安居乐业。啊！谨遵我这个命令，希望会有好结果。"

傅说回答高宗说："木材依从墨线裁割就正直，君主听从劝谏就能变得圣明。君主能做到圣明，臣子不用等待命令就会主动进言，谁敢不恭敬地顺从大王的美好政令呢？"

说命中第十三

原　文

惟说命总[1]百官，乃进于王曰："呜呼！明王奉若天道，建邦设都，树后王君公，承以大夫师长[2]，不惟逸豫，惟以乱民。惟天聪明，惟圣时宪[3]，惟臣钦若，惟民从乂。惟口起羞[④]，惟甲胄起戎[⑤]，惟衣裳在笥[⑥]，惟干戈[⑦]省厥躬。王惟戒兹，允兹克明，乃罔不休。

"惟治乱在庶官。官不及[⑧]私昵，惟其能；爵罔及恶德，惟其贤。虑善[⑨]以动，动惟厥时。有其善，丧厥善；矜[⑩]其能，丧厥功。惟事事，乃其有备，有备无患。无启宠纳侮[⑪]，无耻过作非[⑫]。惟厥攸居，政事惟醇[⑬]。黩[⑭]于祭祀，时谓弗钦。礼烦则乱，事神则难。"

王曰："旨[⑮]哉！说。乃言惟服。乃不良于言，予罔闻于行。"

说拜稽首，曰："非知之艰，行之惟艰。王忱不艰，允协于先王成德，惟说不言有厥咎。"

注释

①总：统领，统管。

②承：接续，接着。师长：指众官之长。泛指官员。

③宪：效法。

④口起羞：指随便说话就可能招致羞辱。起：产生，发动。

⑤甲胄起戎：指随便动武就可能招致战争。甲胄：即盔甲。这里代指军队。戎：军事，战争。

⑥笥（sì）：一种盛饭食或衣物的竹器。

⑦干戈：古代常用武器。干指盾牌，戈指进攻的类似矛的武器。代指兵士，战争。

⑧及：与，给予。

⑨虑善：指考虑完善。

⑩矜：自夸。

⑪启宠纳侮：指开宠幸的先例而招致侮慢。

⑫耻过作非：指因为犯错感到羞愧而掩饰罪过。

⑬醇：通"纯"，纯粹，完美。

⑭黩：轻慢不敬。

⑮旨：美好。

译文

傅说受命总理百官，就进前向高宗禀告说：“啊！圣明的君主顺从天道，建立国家，设置都城，立天子、诸侯，接着任命大夫官员，不让他们安逸享乐，而让他们治理百姓。上天耳聪目明，圣明的君主效法上天，臣子恭敬顺从他，百姓服从他的治理。君主随便说话就可能招致羞辱，随便动用军队就可能招致战争，官服放在箱子里，不可轻易赏赐人；兵器要亲自察看，不可轻易授予人。大王您要警戒这些事，如果真的能明白这些道理，那没有什么是不完美的了。

“国家安定还是混乱在于百官。官职不要授予自己亲昵的人，要看他是否有能力；爵位不要授予德行不好的人，要看他是否贤德。考虑完善才能行动，行动要掌握好时机。自认为好，就失去真正的好了；自夸贤能，就失去真正的功绩了。做事情，要有万全的准备，有了准备就没有祸患了。不要开宠幸小人的先例而招致轻慢，不要因为犯错感到羞愧而掩饰罪过。您处在君位上能做到这些，那政事就纯一完美了。祭祀时轻慢神灵，这叫作不恭敬。祭祀的礼节太繁琐就会混乱，侍奉神灵就困难了。”

高宗说：“说得好啊！傅说。你说的这些话让人信服。如果你说的话不是这么好，我也不会听从去实行。”

傅说跪拜叩头，说：“知道这些道理并不难，去实行它们才困难。君主您如果真的认为这不困难，那就的确符合先王的盛德了，如果我不说就有过错了。”

说命下第十四

原　文

王曰："来！汝说。台小子旧学于甘盘[①]，既乃遁于荒野，入宅于河。自河徂亳，暨[②]厥终罔显。尔惟训于朕志，若作酒醴[③]，尔惟曲糵[④]；若作和羹[⑤]，尔惟盐梅[⑥]。尔交[⑦]修予，罔予弃，予惟克迈[⑧]乃训。"

说曰："王，人求多闻，时惟建事[⑨]，学于古训乃有获。事不师古，以克永世，匪说攸闻。惟学逊志，务时敏[⑩]，厥修乃来。允怀于兹，道积于厥躬。惟敩[⑪]学半，念终始典[⑫]于学，厥德修罔觉。监[⑬]于先王成宪，其永无愆。惟说式[⑭]克钦承，旁招俊乂，列于庶位。"

王曰："呜呼！说，四海之内咸仰朕德，时乃风[⑮]。股肱[⑯]惟人，良臣惟圣。昔先正保衡[⑰]作我先王，乃曰：'予弗克俾厥后惟尧舜，其心愧耻，若挞[⑱]于市。'一夫不获[⑲]，则曰时予之辜[⑳]。佑我烈祖，格[㉑]于皇天。尔尚明保予，罔俾阿衡专美有商。惟后非贤不乂，惟贤非后不食[㉒]。其尔克绍乃辟于先王，永绥民。"

说拜稽首曰："敢对[㉓]扬天子之休命！"

注　释

①甘盘：生卒年不详，殷之贤臣，是当时全国有名的贤德之人。

②暨：到，至。

③醴（lǐ）：甜酒。

④曲糵（qū niè）：指酒曲。

⑤和羹：指为羹汤调味。和：调和。

⑥盐梅：指盐和梅子。盐味咸，梅味酸，均为调味所需。

⑦交：一齐，同时。

⑧迈：通"励"，勇往力行。

⑨建事：指建立功业。

⑩务时敏：指努力勤勉地修行。务：致力，从事。敏：努力，勤勉。

⑪斅（xiào）：教导。

⑫典：主管。这里指从事。

⑬监：通"鉴"，借鉴。

⑭式：用，因此。

⑮风：风纪，教化。

⑯股肱（gōng）：指大腿和胳膊。

⑰先正保衡：指先王的官长保衡伊尹。正：官长。

⑱挞：用鞭、棍等打人。

⑲获：得到。这里指得到妥善的安置。

⑳辜：过错。

㉑格：通"假"，嘉，赞美。

㉒食：食禄，俸禄。

㉓敢对：指冒昧地回答。对：回答。

译　文

高宗说："过来！傅说。我以前曾向甘盘学习，之后就跑到荒远的郊外，住在黄河边上。后来，又从黄河边去到亳地，到最后也没有显著的进步。你要教导我，使我有远大的志向，就像我要酿甜酒，你就是酒曲；又好比我要为羹汤调味，你就是盐和梅子。你要在各个方面都教导我，不要厌弃我，我会努力遵循你的教诲。"

傅说说："大王，人们都追求增长见闻，这是为了建立功业，学习古人的训诫才会有所收获。做事不效法古人，而能长久生存在世上，这种情况我没有听说过。学习时内心要谦逊，努力勤勉地修行，美好的德行自然就形成了。相信并记住这一点，道就会在身上积累起来。教与学各占一半，自始至终不忘学习，那不知不觉就能修养好德行。借鉴先王制定的法度，就永远不会有错误。我傅说因此能敬奉您的旨意，广泛招揽贤人，把他们安排到合适的职位上。”

高宗说：“啊！傅说，四海之内都仰慕我的德行，这是你教化的结果。有大腿和胳膊才能成为人，有良臣才能成为圣王。从前先王的官长保衡伊尹使我们的先王兴盛，却说：‘我不能让我的君主成为尧舜，内心感到羞愧与耻辱，就像在集市上被鞭打一样。’有一个人不能得到妥善的安置，他就说这是自己的过错。他辅佐我们伟大的先祖，受到上天的赞美。希望你能英明地辅佐我，不要让阿衡伊尹在商国独享美名。君主没有贤人辅佐就不能治理好国家，贤人没有君主就不能获得俸禄。希望你能让你的君主继承先王的事业，使百姓长久安定。”

傅说跪拜叩头说：“我冒昧地回答您，我将弘扬天子的美好教令。”

高宗肜日第十五

原　文

高宗祭成汤，有飞雉升鼎耳而雊[①]，祖己训诸王[②]，作《高宗肜[③]日》《高宗之训》。

高宗肜日，越[④]有雊雉。祖己曰：“惟先格[⑤]王，正厥事。”乃训于王。

曰：“惟天监下民，典厥义。降年有永有不永[⑥]，非天夭[⑦]民，民中绝命。民有不若德，不听罪[⑧]。天既孚命[⑨]正厥德，乃曰：‘其如台？’呜呼！王司[⑩]敬民，罔非天胤[⑪]，典祀无丰于昵[⑫]。”

注　释

①雉：野鸡。鼎：置于宗庙用来铭功记绩的礼器，一般三足两耳。雊（gòu）：野鸡鸣叫。

②祖己：即孝己，武丁之长子，祖庚之兄。王：这里指祖庚。武丁次子，武丁病死后，祖庚继任王位。

③肜（róng）：指祭祀之后第二天又进行的祭祀。

④越：句首语气助词。

⑤格：纠正，匡正。

⑥降年：指上天赐给人寿命。永：指长寿。

⑦夭：短命，早死。

⑧听罪：指服罪，承认自己所犯的罪行。

⑨孚命：指授命。

⑩司：通“嗣”，继承。

⑪胤：子孙，后裔。

⑫无丰于昵：指不要让自己父亲的祭品过于丰厚。丰：丰厚。昵：通“祢”，父庙。

译　文

高宗武丁祭祀成汤，有只野鸡飞到鼎耳上鸣叫，祖己用这件事训示商王祖庚。史官记录这件事，作了《高宗肜日》《高宗之训》。

高宗举行肜祭那天，有只野鸡鸣叫。祖己说：“要先端正君主的心志，再纠正祭祀的事宜。”于是训示了商王祖庚。

祖己说：“上天监察下民，主要看他们是否遵循道义。上天赐给人寿命，有长有短，不是上天要让人短命，而是有的人做坏事断绝了性命。有的人不顺从美德，不承认自己所犯的罪行。上天已经下令让他纠正自己的德行，他却说：‘能把我怎么样呢？’啊！大王您继承王位要尊重臣民，因为没有谁不是上天的后代，主持祭祀时，不要让自己父亲的祭品过于丰厚。”

西伯戡黎第十六

原　文

殷始咎[1]周，周人乘[2]黎。祖伊[3]恐，奔告于受[4]，作《西伯戡黎[5]》。

西伯既戡黎，祖伊恐，奔告于王。曰："天子！天既讫[6]我殷命。格人[7]元龟，罔敢知吉。非先王不相我后人，惟王淫戏用自绝[8]。故天弃我，不有康食[9]。不虞[10]天性，不迪率典。今我民罔弗欲丧，曰：'天曷不降威？'大命不挚[11]，今王其如台？"

王曰："呜呼！我生不有命在天[12]？"

祖伊反[13]曰："呜呼！乃罪多，参[14]在上，乃能责命于天[15]？殷之即丧，指乃功[16]，不无戮[17]于尔邦！"

注　释

①咎：憎恶。

②乘：胜。

③祖伊：祖己的后裔，商纣王的臣子。

④受：即商纣王。本名受德，帝号辛王，后世称商纣王，是商朝的最后一个君主。

⑤西伯：特指周文王。姬姓，名昌，是周太王之孙，季历之子。其父死后，继承西伯侯之位，故又称西伯昌。戡（kān）：用武力平定。

⑥讫：完结，终了。

⑦格人：指能知天地吉凶的至道之人、有识之人。

⑧淫戏：指放纵享乐。用：以，而。

⑨康食：指粮食丰足。

⑩虞：猜度，料想。

⑪挚：至，到。

⑫生不有命在天：指生死不是由天命决定的吗。

⑬反：反对，反驳。

⑭参：弹劾，告。

⑮责命于天：指向上天祈求活命。责：求。

⑯指乃功：指主持你的政事。指：指示。这里指主持，主管。

⑰戮：并力，合力。

译　文

殷商开始憎恶周国时，周人战胜了黎。祖伊很害怕，急切地去禀告纣王。史官记录这件事，作了《西伯戡黎》。

周文王战胜了黎后，祖伊很害怕，急切地去禀告商纣王。祖伊说："天子！上天已经要终结我们殷国的国运了。贤人和神龟都不知道有吉兆。不是先王不帮助我们这些后人，而是大王您放纵享乐来自取灭亡。所以上天抛弃我们，不让我们粮食丰足。大王您不能揣测天意，不遵循法典。现在我们的百姓没有谁不希望您灭亡，说：'上天为什么不降下惩罚？'上天惩罚的命令还没有降下，现在大王您打算怎么办？"

纣王说："啊！我的生死不是由天命决定的吗？"

祖伊反驳说："啊！您的罪过太多，都被百姓参告到了天上，竟然还向上天祈求活命？殷国就要灭亡了，您要主持自己的政事，不能不努力为国家做出些功绩啊！"

微子第十七

原　文

殷既错[①]天命，微子作诰父师、少师[②]。

微子若曰："父师、少师！殷其弗或乱正四方[3]。我祖厎遂陈于上[4]，我用沉酗[5]于酒，用乱败厥德于下。殷罔不小大好草窃[6]奸宄。卿士师师非度[7]。凡有辜罪，乃罔恒获，小民方兴[8]，相为敌仇。今殷其沦丧，若涉大水，其无津涯[9]。殷遂丧，越至于今！"曰："父师、少师，我其发出狂[10]？吾家耄逊于荒[11]？今尔无指告[12]，予颠隮[13]，若之何其[14]？"

父师若曰："王子！天毒降灾荒殷邦[15]，方兴沉酗于酒，乃罔畏畏[16]，咈其耇[17]长旧有位人。今殷民乃攘窃神祇之牺牷牲用以容[18]，将食无灾[19]。降监殷民，用乂仇敛[20]，召敌仇不怠[21]。罪合于一，多瘠罔诏[22]。商今其有灾，我兴受其败；商其沦丧，我罔为臣仆[23]。诏王子出迪。我旧云刻子[24]、王子弗出，我乃颠隮。自靖[25]，人自献[26]于先王，我不顾[27]行遁。"

注释

①错：通"措"，舍弃。

②微子：子姓，名启，是商王帝乙的长子，纣王的庶兄。因封国为微，姓氏为子，故被称为微子。父师：即太师，上古三公之一，为辅弼国君之官。少师：辅导太子的宫官。

③其：大概，恐怕。或：通"克"，能。

④厎遂：指制定的成法。厎：定。遂：成。陈于上：指摆在面前。陈：陈列。

⑤沉酗：指嗜酒无度。

⑥草窃：指掠夺，盗窃。

⑦师师：指互相效仿。非度：指不遵守法度。

⑧方兴：指正在兴起。

⑨津涯：指水边，河岸。

⑩发出狂：指出逃在外。狂：通“往”，去。

⑪耄（mào）：形容年老。逊：逃遁。

⑫指告：指点晓谕。

⑬颠隮（jī）：指衰败覆灭。

⑭若之何其：指该怎么办呢。其：句末语气助词。

⑮毒：通“笃”，深重。荒：通“亡”，灭亡。

⑯畏畏：指畏惧天威。后一个畏通“威”。

⑰耇（gǒu）：长寿，年老。

⑱攘（rǎng）窃：指盗窃，抢夺。牺牷牲：指祭祀用的猪牛羊等祭品。牷：古代用作祭品的纯色全牲。容：隐。

⑲将食无灾：指或者养着，或者吃掉，都不会处罚。将：养。

⑳用乂仇敛：指因为杀戮和多收赋税。乂：割，这里指杀戮。仇：通“稠”，多。敛：征收赋税。

㉑怠：松懈。这里指停歇。

㉒瘠：瘦弱，瘦小。这里指困苦。诏：告。

㉓臣仆：指奴隶。

㉔刻子：即箕子。名胥余，殷商末期人，是文丁的儿子，帝乙的弟弟，纣王的叔父，官太师，封于箕。

㉕靖：图谋，谋议。

㉖自献：指贡献自己，牺牲自己。

㉗顾：顾虑，考虑。

译　文

殷国已经舍弃了天命，微子作了诰文，与父师、少师商议。

微子这样说：“父师、少师！殷国恐怕不能治理天下了。我们祖先制定的法令还摆在面前，而纣王因为沉迷于酒色，在后世败坏了先王的德行。殷国上下臣民没有不喜好盗窃劫掠、作奸犯科的。卿士们互相效仿，都不遵守法度。凡是有罪的人，经常无法捕捉到，百姓们正在兴起，与我们成为仇敌。现在殷国慢慢在灭亡，就像过大河，却没有河岸。殷国的法度丧失，竟到了这种地步！”又说：“父师、少师，我是出外逃亡呢，还是在家到年老了去荒野隐居？现在你们不指点我，我们殷国就颠覆灭亡了，该怎么办呢？”

父师这样说：“王子！上天降下深重灾祸要灭亡殷国，纣王却正沉迷于酒色享乐，不知道害怕上天的惩罚，违背了以前年老而有德行的大臣的教诲。现在殷国的百姓竟然偷窃祭祀神灵用的猪牛羊等祭品，把它们藏起来，或者养着，或者吃掉，都不会受处罚。上天监察在下的殷国臣民，我们因为杀戮和多收赋税而不断地招致仇敌。有罪的人集合在一起，众多受苦的人无处申诉。殷商现在如果有灾祸，我要起来承受灾难；殷商如果灭亡了，我不会做别国的奴隶。我劝告王子您出逃。我以前就说箕子与王子如果不出逃，那我们殷商就都要灭亡了。您自己决定吧，人人都要对先王做出贡献，我不会考虑出逃的事情。”

周书

泰誓上第一

原 文

惟十有一年[1]，武王[2]伐殷。一月戊午，师[3]渡孟津，作《泰誓》三篇。

惟十有三年春，大会于孟津。

王曰："嗟！我友邦冢君越我御事庶士[4]，明听誓。惟天地万物父母，惟人万物之灵。亶[5]聪明，作元后，元后作民父母。今商王受，弗敬上天，降灾下民。沉湎冒色[6]，敢行暴虐，罪人以族[7]，官人以世[8]，惟宫室、台榭、陂池、侈服[9]，以残害于尔万姓。焚炙忠良，刳剔[10]孕妇。皇天震怒，命我文考[11]，肃将天威，大勋未集[12]。

"肆予小子发，以尔友邦冢君，观政于商。惟受罔有悛[13]心，乃夷居[14]，弗事上帝神祇，遗[15]厥先宗庙弗祀。牺牲粢盛[16]，既[17]于凶盗。乃曰：'吾有民有命！'罔惩[18]其侮。天佑下民，作之君，作之师，惟其克相上帝，宠绥[19]四方。有罪无罪，予曷敢有越厥志？

"同力度[20]德，同德度义。受有臣亿万，惟亿万心；予有臣三千，惟一心。商罪贯盈[21]，天命诛之。予弗顺天，厥罪惟钧[22]。予小子夙夜祇惧[23]，受命文考，类[24]于上帝，宜于冢土[25]，以尔有众，底[26]天之罚。天矜于民，民之所欲，天必从之。尔尚弼予一人，永清[27]四海，时哉弗可失！"

注　释

①十有一年：指周文王称王十一年。

②武王：姬姓，名发。周文王死后继任王位，主持伐纣。

③师：军队。

④冢君：指大君，对列国君主的敬称。越：与。御事：指治理政事的人。

⑤亶：实在，诚然。

⑥冒色：指贪恋女色。

⑦族：指灭族的刑罚。

⑧世：指世袭。

⑨陂池：指池沼，池塘。侈服：指奢华的服饰。

⑩刳（kū）剔：指剖杀，割剥。

⑪文考：指死去的周文王。后用作帝王亡父的尊称。

⑫集：完成，成功。

⑬悛（quān）：悔改。

⑭夷居：即箕踞。形容倨傲无礼。

⑮遗：遗弃，舍弃。

⑯粢（zī）盛：指古代盛在祭器内以供祭祀的谷物。

⑰既：尽。

⑱惩：制止。

⑲宠绥：指帝王对各地进行抚绥。

⑳度：计算，度量。

㉑贯盈：指罪恶多得像穿钱一样，已经穿满了一贯还没完。形容罪大恶极已经到该受惩罚的时候了。

㉒钧：通“均”，相等，相同。

㉓夙夜：日夜。指天天，时时。祗惧：指敬惧，小心谨慎。

㉔类：古祭名，以特别重要之事祭告上天。

㉕宜：古祭名，祭祀土地之神。冢土：大社，即土地神，社神。

㉖厎：致。

㉗清：清明。指天下太平。

译文

文王十一年，周武王去讨伐殷商。一月戊午日，武王的军队在孟津渡过黄河，史官记录这件事，作了《泰誓》三篇。

十三年春季，武王在孟津与诸侯们聚会。

武王说：“啊！我们友好国家的君主和我国处理事务的官员们，仔细听我的誓言。天地是生养万物的父母，人是万物中最有灵气的。如果真的有智慧，就做君主，君主是百姓的父母。现在商王受，不尊敬上天，降下灾祸给下民。沉迷于酒色，胆敢做残暴的事情，用灭族的刑罚处置人，凭世袭的制度任用人，建造宫室、台榭，修筑池塘，制作奢侈的衣服，来残害你们万民。烧杀忠良，解剖孕妇。上天非常愤怒，命令我的先父文王，恭敬地奉行上天的惩罚。但是大业未成，文王就逝世了。

“所以我姬发，与你们这些友好国家的君主，一起观察商国的政事。商王受没有悔改的心志，仍然傲慢无礼，不侍奉天帝神灵，废弃祖先的宗庙不去祭祀。用作祭品的牛羊和谷物，都被恶人偷走了。竟然还说：‘我有百姓，有天命！’不制止自己的轻慢之心。上天佑护下民，为他们设立君主周文王，并建立了军队，只有这些能帮助天帝，安抚天下。对待有罪或无罪的人，我怎么敢违背上天的旨意？

“力量相同就度量德行，德行相同就度量道义。商王受有亿万臣民，也有亿万条心；我有三千臣民，但大家一条心。商国的罪过多得如同穿满了一串铜钱，上天命令我诛灭他。我不顺从上天，罪过就和商国一样。我时时小心谨慎，接受先父文王的命令，类祭天帝，宜祭土地之神，率领你们众人，去实行上天的惩罚。上天怜悯百姓，百姓希望的事，上天一定会顺从。希望你们辅佐我，使天下永远清明太平。这是时机啊，不能失去！”

泰誓中第二

原 文

惟戊午，王次[①]于河朔，群后以师毕[②]会。王乃徇师而誓曰："呜呼！西土有众，咸听朕言。我闻吉人[③]为善，惟日不足；凶人为不善，亦惟日不足。今商王受，力行无度，播弃犁老[④]，昵比罪人。淫酗肆虐[⑤]，臣下化[⑥]之，朋家[⑦]作仇，胁权[⑧]相灭。无辜吁天，秽德彰闻。

"惟天惠[⑨]民，惟辟奉天。有夏桀弗克若天，流毒[⑩]下国。天乃佑命成汤，降黜夏命。惟受罪浮[⑪]于桀。剥丧[⑫]元良，贼虐谏辅[⑬]。谓己有天命，谓敬不足行[⑭]，谓祭无益，谓暴无伤[⑮]。厥监惟不远，在彼夏王。天其以予乂民，朕梦协[⑯]朕卜，袭[⑰]于休祥，戎[⑱]商必克。受有亿兆夷人[⑲]，离心离德[⑳]；予有乱臣十人，同心同德。虽有周亲[㉑]，不如仁人。

"天视自我民视，天听自我民听。百姓有过[㉒]，在予一人，今朕必往。我武维扬[㉓]，侵于之疆，取彼凶残。我伐用张[㉔]，于汤有光。勖[㉕]哉，夫子[㉖]！罔或无畏[㉗]，宁执非敌[㉘]。百姓懔懔[㉙]，若崩厥角[㉚]。呜呼！乃一德一心，立定厥功，惟克永世。"

注 释

①次：临时驻扎。

②毕：全部，都。

③吉人：指善良的人。

④播弃犁老：指舍弃老臣。播：放弃，抛弃。犁老：老人。

⑤肆虐：指恣意作恶为祸。

⑥化：同化。

⑦朋家：即朋党。

⑧胁权：指挟权，假用君主的权势胁迫别人。

⑨惠：宠爱。

⑩流毒：指流传有害的影响。

⑪浮：超过。

⑫剥丧：指伤害。

⑬谏辅：指敢于劝谏的辅佐之臣。

⑭敬不足行：指尊敬上天不值得实行。

⑮暴无伤：指残暴没有妨害。无伤：没有什么关系，不妨。

⑯协：符合。

⑰袭：重合。

⑱戎：征伐。

⑲亿兆：形容极多。夷人：指平民百姓。

⑳离心离德：指思想不统一，信念也不一致。

㉑周亲：指至亲。

㉒过：责备。

㉓我武维扬：指我们要大举动用武力。扬：举。

㉔张：大。这里指大的成果。

㉕勖（xù）：勉励，努力。

㉖夫子：指军队将士。

㉗无畏：指无所忌惮，无所顾忌。

㉘宁执非敌：指宁可抱着不是他们对手的想法。执：拿，持。

㉙懔懔：通“凛凛”，指危惧、戒慎的样子。

㉚崩厥角：叩头好像山崩一样。崩：断裂。

译　文

戊午这天，武王在黄河北岸驻扎军队，各诸侯国君带着军队都来会合。武王于是巡视各军而发表誓言说："啊！西边的众人，都听从我的话。我听说善良的人做好事，整天做都觉得不够；邪恶的人做坏事，也是整天做都觉得不够。现在的商王受，竭力去做不合法度的事情，舍弃老臣，亲近奸邪之人。沉迷于酒色，放肆暴虐，臣下被他影响同化，结成朋党互相仇恨，倚仗权势互相消灭。无辜的百姓呼告上天，商王受污秽的德行被广泛地传扬。

"上天爱护下民，君主奉承天意。以前夏桀不能顺从上天，在国内传播灾祸。上天就帮助并命令成汤，降下废除夏国的命令。商王受的罪过超过夏桀。他伤害驱逐贤良的人，残害虐待劝谏辅佐的大臣。声称自己有天命，声称尊敬上天不值得实行，声称祭祀祖先是没有好处的，声称残暴没有妨害。他的鉴戒并不远，就在夏桀身上。上天大概是让我治理百姓，我的梦和我的占卜相合，都是美好吉利的，征讨商国一定能胜利。受有亿万平民，都与他的信念相背离；我有十个治国大臣，却与我的信念相一致。即使他有至亲，也不如我有仁人。

"上天看到的来自我们下民所看到的，上天听到的来自我们下民所听到的。百姓抱怨我，现在我一定要去攻打商国。我们大举动用武力，侵入到商国的边境，擒获凶残的商王受。我们的征伐取得大成果，对成汤来说也有光彩。努力啊，将士们！不能没有顾虑，宁可抱着不是他们对手的想法。百姓害怕谨慎，叩头就像山崩一样。啊！你们要思想统一，建立功业，才能长久安定百姓。"

泰誓下第三

原　文

时厥明[①]，王乃大巡六师[②]，明誓众士。

王曰："呜呼！我西土君子。天有显道[3]，厥类[4]惟彰。今商王受，狎侮[5]五常，荒怠弗敬。自绝于天，结怨于民。斫朝涉之胫[6]，剖贤人之心，作威杀戮，毒痡[7]四海。崇信奸回[8]，放黜师保[9]，屏弃[10]典刑，囚奴[11]正士，郊社[12]不修，宗庙不享，作奇技淫巧[13]以悦妇人。上帝弗顺，祝[14]降时丧。尔其孜孜，奉[15]予一人，恭行天罚。

"古人有言曰：'抚我则后，虐我则仇。'独夫受洪[16]惟作威，乃汝世仇。树德务滋[17]，除恶务本，肆予小子诞[18]以尔众士，殄歼乃仇。尔众士其尚迪果毅[19]，以登乃辟。功多有厚赏，不迪有显戮[20]。

"呜呼！惟我文考若日月之照临，光于四方，显于西土。惟我有周诞受多方。予克受，非予武，惟朕文考无罪；受克予，非朕文考有罪，惟予小子无良。"

注释

①时厥明：指戊午日的第二天。明：次（专指日或年）。

②六师：泛指各国军队。

③显道：指明确的法度。道：法则，规律。

④类：法则，法度。

⑤狎侮：指轻慢，戏弄。

⑥斫朝涉之胫（jìng）：指砍断早上涉水过河的人的小腿骨。斫：用刀、斧等砍劈。朝：早晨。胫：小腿骨。

⑦毒痡（pū）：指毒害，残害。痡：伤害。

⑧奸回：指奸恶邪僻的人。回：奸邪，邪僻。

⑨师保：指辅弼帝王和教导王室子弟的官。

⑩屏弃：指摒弃，废弃。

⑪囚奴：指囚禁奴役。

⑫郊社：指祭天地。冬至祭天称郊，夏至祭地称社。

⑬奇技淫巧：指过于奇巧而无益的技艺与制品。淫：过分，过度。

⑭祝：断然。

⑮奉：辅助，拥戴。

⑯洪：大。

⑰树德务滋：指向百姓施行德惠，力求普遍。

⑱诞：助词，无义。

⑲果毅：指果敢坚毅。

⑳显戮：指明正典刑，陈尸示众。

译文

在戊午日的第二天，周武王广泛地巡视了各国军队，明确地告诫众将士。

武王说："啊！我们西方的将士们。上天有明确的法度，这些法度应当彰显出来。现在商王受，亵渎轻慢伦常道德，荒废懈怠不恭敬。这是自己断绝天命，与百姓结下冤仇。砍断早上涉水过河的人的小腿骨，剖开贤德之人的心，用刑罚随意杀人，残害天下百姓。宠信奸邪的小人，流放罢黜辅佐大臣，摒弃常法，囚禁奴役正直的士人，不举行祭祀天地的大典，不供奉祖先的宗庙，制作过于巧妙新奇的物品来取悦妇人。天帝不顺从他，断然降下这场灭亡他的灾祸。你们要奋勇努力，辅佐我恭敬地执行上天的惩罚。

"古时候有人说：'爱抚我们的就是君主，残害我们的就是仇敌。'商王受一个人大施刑罚，是你们世代的仇人。施行德惠力求普遍，去除邪恶力求杜绝根本，所以我率领你们众将士，去歼灭你们的仇敌。希望你们众将士能做到果敢坚毅，来成就你们的君主。功劳多的有丰厚的赏赐，不执行命令的要陈尸示众。

"啊！我的先父文王的德行就像日月照耀天下，光芒到达四方，在西方更加显著，我们周国深受各国拥戴。如果我能战胜商王受，不是我勇武，而是因为我的先父文王没有罪过；如果商王受战胜我，不是我的先父文王有罪过，而是因为我不善。"

牧誓第四

原　文

武王戎车三百两[①]，虎贲三百人[②]，与受战于牧野，作《牧誓》。

时甲子昧爽[③]，王朝[④]至于商郊牧野，乃誓。王左杖黄钺[⑤]，右秉白旄以麾[⑥]，曰："逖[⑦]矣，西土之人！"王曰："嗟！我友邦冢君御事，司徒、司马、司空[⑧]，亚旅、师氏[⑨]，千夫长、百夫长[⑩]，及庸、蜀、羌、髳、微、卢、彭、濮人[⑪]，称[⑫]尔戈，比[⑬]尔干，立尔矛，予其誓。"

王曰："古人有言曰：'牝鸡无晨[⑭]；牝鸡之晨，惟家之索[⑮]。'今商王受惟妇言是用，昏弃厥肆祀弗答[⑯]，昏弃厥遗王父母弟不迪[⑰]，乃惟四方之多罪逋逃[⑱]，是崇是长[⑲]，是信是使，是以为大夫卿士。俾暴虐于百姓，以奸宄于商邑。今予发惟恭行天之罚。今日之事，不愆[⑳]于六步、七步，乃止齐[㉑]焉。夫子勖哉！不愆于四伐[㉒]、五伐、六伐、七伐，乃止齐焉。勖哉夫子！尚桓桓[㉓]，如虎如貔[㉔]，如熊如罴[㉕]，于商郊。弗迓克奔[㉖]，以役西土。勖哉夫子！尔所[㉗]弗勖，其于尔躬有戮！"

注　释

①两：通"辆"，车一乘。

②虎贲：指勇士。三百人：《史记》中作“三千人”。疑有误。

③昧爽：拂晓，黎明。

④朝：会聚，召。

⑤左杖黄钺（yuè）：指左手拿着黄金大斧。杖：执，持。黄钺：以黄金为饰的斧。古代为帝王专用，或特赐给专主征伐的重臣。

⑥右秉白旄以麾：指右手拿着白色的牦牛尾旗来指挥军队。秉：持。旄：古代的一种军旗。竿头以牦牛尾为饰，用以指挥全军。麾：指挥。

⑦逖（tì）：远。

⑧司徒、司马、司空：古代官名，统称三公，朝廷中最尊显的三个官职。司徒为地官之长，司马掌军政和军赋，司空掌水利、营建之事。

⑨亚旅、师氏：古代官名。亚旅：指位次于三卿的众大夫。师氏掌辅导王室、教育贵族子弟以及朝仪得失之事。

⑩千夫长、百夫长：古代武官名。千夫长为统千人之帅，百夫长为统率百人的小头目。

⑪庸、蜀、羌、髳（máo）、微、卢、彭、濮：诸侯国名。庸在今湖北省竹山县西南地区。蜀在今四川省成都市一带。羌分布在四川、青海、甘肃等地区。髳在今四川巴县。微在今陕西省郿县境内。卢在今湖北省南漳县境内。彭在今甘肃省镇原县东。濮在今湖北省一带。

⑫称：举。

⑬比：排列。

⑭牝（pìn）鸡无晨：指母鸡不报晓。比喻妇女不掌朝政。牝：雌性的鸟或兽。

⑮索：尽，空。

⑯昏弃：指蔑弃，弃绝。昏：通“泯”。肆祀：祭名，指以全牛全羊祭祀祖先。这里泛指各种祭祀。答：答理，理会。

⑰遗王父母弟：指同祖的兄弟。迪：进。这里指进用，任用。

⑱逋（bū）逃：指逃亡的罪人。

⑲是崇是长：指对他们又推崇又尊敬。是：助词。长：崇尚，尊敬。

⑳愆：超过。

㉑止齐：指停下来齐整队伍。

㉒伐：攻杀，击刺。
㉓桓桓：指威武勇猛的样子。
㉔貔（pí）：传说中的一种猛兽，似虎。
㉕罴（pí）：熊的一种，即棕熊，又叫马熊。
㉖迓：迎，迎击。奔：投奔。
㉗所：若，如果。

译文

周武王率领战车三百辆、勇士三千人，和商王受在牧野交战，史官记录这件事，作了《牧誓》。

在甲子日凌晨，武王召集军队到达商都郊外的牧野，举行誓师。武王左手拿着黄色大斧，右手拿着白色的牦牛尾旗来指挥军队，说："多么遥远啊，从西边来的人！"武王又说："啊！我们友好国家的君主与主事大臣，司徒、司马、司空，亚旅、师氏，千夫长、百夫长，以及庸、蜀、羌、髳、微、卢、彭、濮的人们，举起你们的戈，排列好你们的盾牌，竖立你们的矛，我要宣告誓言了。"

武王说："古时候有人说：'母鸡没有在早上鸣叫的；如果母鸡在早上鸣叫，家道就要败落了。'现在商王受只听从妇人的言辞，轻视抛弃各种祭祀而不去理会，轻视抛弃同祖兄弟而不加任用，却对四方逃亡来的罪人又推崇又尊敬，又信任又役使，让他们做大夫卿士。使得他们残暴虐待百姓，在商国都城内作奸犯科。现在我姬发只是恭敬地实行上天的惩罚。今天这场战事，不超过六步、七步，就要停下来齐整队伍。将士们要努力啊！战斗时不超过四次、五次、六次、七次，就要停下来齐整队伍。要努力啊将士们！希望你们威武神勇，就像虎像貔一样，也像熊像罴一样，到达商国都城的郊外。不要迎击能来投靠我们的商国人，让他们为我们所用。努力啊将士们！你们如果不努力，我对你们自身会有惩罚。"

武成第五

原　文

武王伐殷。往伐归兽[①]，识[②]其政事，作《武成》。

惟一月壬辰，旁死魄[③]。越翼日[④]，癸巳，王朝步[⑤]自周，于[⑥]征伐商。

厥四月，哉生明[⑦]，王来自商，至于丰[⑧]。乃偃武修文[⑨]，归马于华山之阳，放牛于桃林之野，示天下弗服[⑩]。

丁未，祀于周庙，邦甸侯卫[⑪]，骏[⑫]奔走，执豆笾[⑬]。越三日，庚戌，柴、望，大告武成。

既生魄[⑭]，庶邦冢君暨百工，受命于周。王若曰："呜呼，群后！惟先王建邦启土[⑮]，公刘[⑯]克笃前烈，至于大王肇基王迹[⑰]，王季[⑱]其勤王家。我文考文王，克成厥勋，诞膺[⑲]天命，以抚方夏[⑳]。大邦畏其力，小邦怀其德。惟九年，大统未集。予小子其承厥志，厎商之罪，告于皇天后土、所过名山大川，曰：'惟有道曾孙周王发，将有大正[㉑]于商。今商王受无道，暴殄天物[㉒]，害虐烝民，为天下逋逃主，萃渊薮[㉓]。予小子既获仁人，敢祗承上帝，以遏乱略[㉔]。华夏蛮貊[㉕]，罔不率俾。恭天成命，肆予东征，绥厥士女[㉖]。惟其士女，篚厥玄黄[㉗]，昭我周王。天休震动，用附我大邑周。惟尔有神，尚克相予以济兆民，无作神羞！'

“既戊午，师逾[28]孟津。癸亥，陈[29]于商郊，俟[30]天休命。甲子昧爽，受率其旅若林，会于牧野。罔有敌于我师，前徒倒戈[31]攻于后，以北[32]，血流漂杵[33]。一戎衣[34]，天下大定。乃反[35]商政，政由旧。释箕子囚，封[36]比干墓，式商容闾[37]。散鹿台之财，发钜桥之粟，大赉于四海，而万姓悦服。”

列爵惟五，分土[38]惟三。建官惟贤，位事惟能。重民五教，惟食丧祭。惇信明义，崇德报功。垂拱[39]而天下治。

注 释

①兽：通“狩”，巡行视察。

②识：通“志”，记住。

③旁死魄：指月亮几乎没有光辉，即阴历每月初一。旁：近。死魄：月亮的有光部分为明，无光部分为魄。朔后月明渐增，月魄渐减，故谓之死魄。

④越翼日：指等到第二日。越：及，到。翼日：通“翌日”，第二天。

⑤步：行走。

⑥于：往，去。

⑦哉生明：指月亮开始有光亮，即阴历每月初三。哉：始。

⑧丰：周国故都，在今陕西西安西南。

⑨偃武修文：指偃息武备，提倡文教。偃：止息。

⑩服：乘，用。

⑪邦甸侯卫：指王畿之外的五服诸侯。

⑫骏：迅速。

⑬豆笾（biān）：祭器。木制的叫豆，竹制的叫笾。

⑭生魄：指阴历每月十五。十五后月明渐减，月魄渐生，即谓之生魄。

⑮启土：指开拓疆土。

⑯公刘：人名，后稷的曾孙。夏衰时，稷子不窋（kū）失官，奔戎狄，传至公刘，迁于邠，始兴周室。

⑰大王：即太王，周文王的祖父，又称古公亶父。初居豳，为戎狄所侵，迁于岐山之下，定国号为周，及武王有天下，追尊为"太王"。肇基王迹：指开始建立帝王的基业。肇：开始。迹：通"绩"，功劳，功绩。

⑱王季：本名姬历，是古公亶父的第三子、周文王姬昌的父亲、周部族首领。

⑲诞膺（yīng）：指大受。膺：接受，承当。

⑳方夏：指中国，华夏。与"四夷"相对。

㉑大正：指大事。这里指对商作战。

㉒暴殄天物：指残害灭绝万物。

㉓萃渊薮（sǒu）：指聚集了各种奸邪罪人。萃：聚集，聚拢。渊：深水，鱼所住的地方。薮：水边的草地，兽所住的地方。渊薮：比喻人或事物集中的地方。

㉔遏：阻止，断绝。乱略：指作乱的图谋。略：谋略。

㉕蛮貊（mò）：亦作"蛮貉"、"蛮貊"。泛指四方少数民族部落。

㉖士女：泛指男女。

㉗玄黄：指彩色的丝织物。

㉘逾：过，越过。

㉙陈：战阵，行列。

㉚俟：等候。

㉛前徒倒戈：指前面的士兵调转武器向己方攻击。徒：步兵，兵卒。倒戈：指调转武器向己方攻击。

㉜北：打了败仗往回逃。

㉝杵：舂米或捶衣的木棒。

㉞一戎衣：指一旦对殷商用兵。衣：通"殷"。

㉟反：反对。

㊱封：堆土筑坟。

㊲式商容闾：指礼敬商容居住的闾里。式：通"轼"，以手抚轼，为古人表示尊敬的礼节。商容：人名。殷纣王时期主掌礼乐的大臣，

著名贤者，因为不满纣王的荒唐暴虐，多次进谏而被黜。

㊳分土：指分封土地。

㊴垂拱：指垂衣拱手，不亲理事务。后多用以称颂帝王无为而治。

译文

周武王讨伐殷商。从去往讨伐到回来巡狩，史官记录这些政事，作了《武成》。

一月壬辰日，月亮几乎没有光辉。等到第二天，癸巳日，武王早上从周国丰都出发，去征伐商国。

四月，月亮开始有光亮，武王从商国回来，到达丰都。然后就停止战事，振兴文教，把战马放回到华山的南面，把牛放回到桃林的郊外，向天下表示不再役使牛马来作战。

四月丁未日，武王在周国宗庙里举行祭祀，王畿之外的五服诸侯都来奔走帮忙，手拿祭器。过了三天，到庚戌日，武王举行柴祭来祭祀上天，举行望祭来祭祀山川，遍告神灵讨伐商国的武事已经成功了。

十五日后，各诸侯国君主和百官都到周国来接受武王的命令。武王这样说："啊！各位诸侯王！我们的先王建立国家、开辟疆土，公刘能切实完成前人的大业，到了太王开始建立帝王的基业，王季为王族事业辛勤劳苦。我的先父文王，能完成这个功业，所以接受天命，来安抚华夏各国。大国害怕他的力量，小国感服他的仁德。文王在位第九年，统一天下的大业还没有完成就去世了。我继承他的遗志，把殷商的罪过禀告给天地和所经过的名山大川的神灵，说：'遵循天道的周国曾孙姬发，将要对商国举行大战。现在商王受不遵循天道，残害灭绝自然万物，伤害虐待平民百姓，成为天下逃亡罪人投奔的君主，聚集了各种奸邪罪人。我已经得到了仁人志士，冒昧地敬承天帝的旨意，来阻止作乱的图谋。中原和四方部族没有不遵从的。我奉行上天的命令，所以向东征讨，安抚商国的男女。商国的这些男女，用竹筐装着彩色的丝织品，来彰显周王的仁德。百姓受到上天美好德行的感召，因此归附我们大周国。希望你们众神灵能帮助我救助万民，不要使你们神灵受到羞辱！'

"到了戊午日，军队渡过孟津。癸亥日，在商国都城的郊外摆下阵列，等待上天的旨意。甲子日凌晨，商王受率领他如林的军队，在牧野和我们交战。他的士兵没有愿意与我们为敌的，前面的士兵调转兵器刺杀后面的士兵，因此商军败亡，血流成河，舂米的木槌都能浮在上面。一对殷商用兵，天下就很安定了。于是废除商王的政令，采用商国先王旧有的法度。释放被囚禁的箕子，重修比干的坟墓，礼敬商容居住的闾里。散发鹿台的钱财，发放钜桥的粮食，大赏天下，万民都心悦诚服。”

周武王排列五等爵位，确定三个品级来分封土地。根据贤德来任用官职，根据才能来分配事务。重视对百姓施行五常教化，重视粮食、丧礼和祭礼。敦厚诚信，清明仁义，推崇有德的人，报答有功的人，垂衣拱手便治理好了天下。

洪范第六

原　文

武王胜殷，杀受，立武庚[①]，以箕子归。作《洪范[②]》。

惟十有三祀，王访[③]于箕子。王乃言曰：“呜呼！箕子，惟天阴骘[④]下民，相协厥居，我不知其彝伦攸叙[⑤]。”

箕子乃言曰：“我闻在昔，鲧堙[⑥]洪水，汩[⑦]陈其五行。帝乃震怒，不畀洪范九畴[⑧]，彝伦攸斁[⑨]。鲧则殛死，禹乃嗣兴，天乃锡禹洪范九畴，彝伦攸叙。

“初一[⑩]曰五行，次二曰敬用五事，次三曰农[⑪]用八政，次四曰协用五纪[⑫]，次五曰建用皇极[⑬]，次六曰乂用三德，次七曰明用稽疑[⑭]，次八曰念用庶征[⑮]，次九曰向[⑯]用五福，威用六极[⑰]。

“一、五行：一曰水，二曰火，三曰木，四曰金，五曰土。水曰润下，火曰炎上，木曰曲直，金曰从革⑱，土爰稼穑。润下作咸，炎上作苦，曲直作酸，从革作辛，稼穑作甘。

“二、五事：一曰貌⑲，二曰言，三曰视，四曰听，五曰思。貌曰恭，言曰从⑳，视曰明，听曰聪，思曰睿。恭作肃，从作乂，明作哲㉑，聪作谋，睿作圣。

“三、八政：一曰食，二曰货，三曰祀，四曰司空，五曰司徒㉒，六曰司寇㉓，七曰宾，八曰师。

“四、五纪：一曰岁，二曰月，三曰日，四曰星辰㉔，五曰历数㉕。

注释

①武庚：又称禄父，是商纣王的儿子。周武王灭掉殷商后，让武庚管理殷商遗民。

②洪范：指大法，治理天下的法则。范：法则。

③访：广泛地征求意见。

④阴骘（zhì）：指暗中使安定。

⑤彝伦攸叙：指确定治理天下的常理。彝：常。攸：所以。叙：评定等级、次第。这里指确定。

⑥堙：堵塞。

⑦汩：扰乱。

⑧畀（bì）：赐。畴：类别。

⑨斁（dù）：败坏。

⑩初一：即第一。

⑪农：勉，努力，勉力。

⑫五纪：指五种计时方法。

⑬皇极：指帝王统治天下的准则。

⑭稽疑：指用卜筮决疑。

⑮征：征兆。

⑯向：通“飨”，犒赏，赏赐。

⑰极：通“殛”，杀或罚。

⑱从革：指顺从人意而改变形态。

⑲貌：神态，仪态。

⑳从：言正。

㉑哲（zhé）：明辨。

㉒司徒：指主管民风教化。

㉓司寇：指主管刑狱诉讼。

㉔星辰：指观察二十八星宿的运行轨迹。

㉕历数：指历法。观测天象以推算年时节候的方法。

译文

周武王战胜殷国，杀了商王受，确立武庚继承殷商的王位，带着箕子返回周国。史官记录这些事，作了《洪范》。

周文王十三年，武王向箕子询问意见。武王问他说：“啊！箕子，上天暗中保护下民，使他们互相和睦地住在一起，我不知道治理天下的常理是怎么确定的。”

箕子就回答说：“我听说在以前，鲧堵塞洪水，胡乱排列金、木、水、火、土这五行的顺序。天帝就非常愤怒，不赐给他治理天下的九种方法，天下的常理就败坏了。后来鲧被流放而死，大禹就继承他的事业而兴起，于是上天赐给大禹九种治水的方法，治理天下的常理就确定了。

“第一叫作五行，第二叫作谨慎地做好五件事，第三叫作努力做好八种政事，第四叫作合用五种计时方法，第五叫作建立统治天下的准则，第六叫作治民用三种德行，第七叫作明确地使用占卜来稽考疑难，第八叫作经常考虑各种征兆，第九叫作用五种福泽奖赏百姓、六种困厄惩罚百姓。

“一、五行：第一是水，第二是火，第三是木，第四是金，第五是土。水能向下浸润，火是向上燃烧，木能弯曲又能伸直，金能顺从人意而改变形态，土能种植收获粮食。向下滋润的水代表咸味，向上燃烧的火代表苦味，能弯曲又能伸直的木代表酸味，能顺从人意而改变形态的金代表辣味，能种植收获粮食的土代表甜味。

“二、五事：第一是仪态，第二是言论，第三是观察，第四是听闻，第五是思考。仪态要恭敬，言论要正当，观察要明晰，听闻要敏锐，思考要睿智。仪态恭敬就能严肃谨慎，言论正当就能用来治国，观察明晰就能明辨是非，听闻敏锐就能谋划大事，思考睿智就能英明神圣。

“三、八种政事：第一是管理粮食，第二是管理财货，第三是主持祭祀，第四是土木工程，第五是民风教化，第六是刑狱诉讼，第七是迎送宾客，第八是军事。

“四、五种计时方法：第一是年，第二是月，第三是日，第四是观察二十八星宿的运行轨迹，第五是通过观测天象来推算年时节候的历法。

原　文

“五、皇极：皇建其有极。敛[①]时五福，用敷锡厥庶民。惟时厥庶民于汝极。锡汝保极：凡厥庶民，无有淫朋[②]，人无有比德[③]，惟皇作极。凡厥庶民，有猷有为有守，汝则念之。不协于极，不罹于咎[④]，皇则受[⑤]之。而康而色[⑥]，曰：‘予攸好德。’汝则锡之福。时人斯[⑦]其惟皇之极。无虐茕独而畏高明[⑧]，人之有能有为，使羞[⑨]其行，而邦其昌。凡厥正人[⑩]，既富方谷[⑪]，汝弗能使有好于而家，时人斯其辜。于其无好德，汝虽锡之福，其作汝用咎。无偏无陂[⑫]，遵王之义；无有作好，遵王之道；无有作恶，遵王之路。无偏无党[⑬]，王道荡荡[⑭]；无党无偏，王道平平[⑮]；无反无侧[⑯]，王道正直。会其有极，归其有极。曰：皇，极之敷言，是彝是训，于帝其训。凡厥庶民，极之敷言，是训⑰是行，以近天子之光。曰：天子作民父母，以为天下王。

“六、三德：一曰正直，二曰刚克⑱，三曰柔克。平康正直，强弗友刚克，燮友⑲柔克。沉潜⑳刚克，高明㉑柔克。惟辟作福，惟辟作威，惟辟玉食㉒。臣无有作福、作威、玉食。臣之有作福、作威、玉食，其害于而家，凶㉓于而国。人用侧颇僻㉔，民用僭忒㉕。

注释

①敛：收拢，聚拢。

②淫朋：指勾结，朋比为奸。

③人：这里指百官。比德：指结党营私的行为。

④不罹于咎：指没有犯罪。罹：触犯。咎：罪过。

⑤受：容纳。这里指宽容。

⑥而康而色：指脸色和悦。而：连词，两个“而”连用表并列。

⑦斯：则，就。

⑧茕（qióng）独：指没有劳动力又没有亲属供养的人。茕：孤独无依靠。高明：指显贵的人。

⑨羞：进献。

⑩正人：指做官长的人。

⑪方谷：指定期的俸禄。方：常。谷：指俸禄。

⑫无偏无陂：指不偏私，不倾斜。偏：偏袒。陂：斜坡，这里指倾斜不正。

⑬党：偏私，偏袒。

⑭荡荡：广大。

⑮平平：公平有序的样子。

⑯无反无侧：指不颠倒不歪斜。侧：倾斜。

⑰训：顺从。

⑱刚克：指过于刚强。克：胜。

⑲燮（xiè）友：指和顺可亲。燮：和。

⑳沉潜：深沉不露。这里指压制，抑制。

㉑高明：指推崇使显耀。

㉒玉食：指珍贵的饮食。

㉓凶：灾祸。

㉔颇僻：指邪佞，不正。

㉕僭忒：指犯上作乱。僭：越礼。忒：差错。

译文

“五、君主的法则：君主建立统治天下的法则。聚合五种福泽，广泛地赐予百姓。这样百姓就会重视您的法则。进献给您保持法则的方法：凡是要让百姓没有勾结朋党，官员没有结党营私，只在于君主有治理天下的法则。凡是百姓中有谋略、有作为、有操守的，您就要重视他们。有的人行为不符合法度，但没有犯罪，您就宽容他。有的人脸色和悦地说：‘我所喜好的是美德。’您就赐给他福泽。这样人们才会思索君主的法则。不要残害孤苦的人，不要害怕地位显贵的人。一个人有能力有作为，让他展现自己的品行，那国家就会昌盛。凡是做官的人已经有了定期的俸禄，您不能使他们对国家有贡献，这些人就会责怪您了。对于没有美德的人，您即使赐给他福泽，他也会危害到您。不要不公正，要遵循先王的道义；不要偏爱偏私，要遵循先王的法则；不要做坏事，要遵循先王的正道。不偏私不袒护，王道就宽广；不袒护不偏私，王道就公平；不颠倒不歪斜，王道就正直。一切集中于君王的法则，一切归向于君王的法则。所以说：对于君主来说，法则所陈述的言论，是常法是训诫，是顺从天帝训示的。凡是百姓，法则所陈述的言论，要顺从要实行，来接近天子的光辉。所以说：天子作为百姓的父母，因而成为天下的君王。

“六、三种德性：第一叫作端正平直，第二叫作过分刚强，第三叫作过分柔弱。中正平和就是端正平直，态度强硬不能亲近就是过分刚强，和顺可亲就是过分柔弱。君主要压制过分刚强的人，推崇过分柔弱的人。只有君主能施与福泽，只有君主能施加刑罚，只有君主能享用美食。臣子不能施与福泽、施加刑罚、享用美食，因为这样会对您的家国有危害。百官会因此邪僻不正、偏离王道，百姓会因此犯上作乱。

原　文

“七、稽疑：择建立卜筮[①]人，乃命卜筮。曰雨，曰霁[②]，曰蒙[③]，曰驿[④]，曰克[⑤]，曰贞[⑥]，曰悔[⑦]，凡七。卜五，占用二，衍忒[⑧]。立时人作卜筮。三人占，则从二人之言。汝则有大疑，谋及乃心，谋及卿士，谋及庶人，谋及卜筮。汝则从[⑨]，龟从，筮从，卿士从，庶民从，是之谓大同[⑩]。身其康强，子孙其逢[⑪]，吉。汝则从，龟从，筮从，卿士逆[⑫]，庶民逆，吉。卿士从，龟从，筮从，汝则逆，庶民逆，吉。庶民从，龟从，筮从，汝则逆，卿士逆，吉。汝则从，龟从，筮逆，卿士逆，庶民逆，作内吉，作外凶。龟筮共违于人，用静吉，用作凶。

“八、庶征：曰雨，曰旸[⑬]，曰燠[⑭]，曰寒，曰风。曰时五者来备，各以其叙，庶草蕃庑[⑮]。一极备[⑯]，凶；一极无，凶。曰休征：曰肃，时雨若；曰乂，时旸若；曰晢，时燠若；曰谋，时寒若；曰圣，时风若。曰咎征：曰狂[⑰]，恒雨若；曰僭[⑱]，恒旸若；曰豫，恒燠若；曰急，恒寒若；曰蒙[⑲]，恒风若。曰王省[⑳]惟岁，卿士惟月，师尹惟日。岁月日时无易，百谷用成，乂用明，俊民用章，家用平康。日月岁时既易，百谷用不成，乂用昏不明，俊民用微[21]，家用不宁。庶民惟星，星有好风，星有好雨。日月之行，则有冬有夏。月之从星，则以风雨。

“九、五福：一曰寿，二曰富，三曰康宁，四曰攸[22]好德，五曰考终命[23]。六极：一曰凶、短、折[24]，二曰疾，三曰忧，四曰贫，五曰恶，六曰弱。”

注释

①卜筮（shì）：古时预测吉凶，用龟甲称卜，用蓍草称筮。

②霁（jì）：雨雪停止，天放晴。

③蒙：雾气迷蒙。

④驿：指落驿，云气稀疏、若有若无的样子。

⑤克：指阴阳二气互相侵犯的样子。

⑥贞：内卦。

⑦悔：外卦。

⑧衍忒：指推算过失。衍：通“演”，推演。

⑨从：顺从。这里指赞同。

⑩大同：指非常和谐。

⑪逢：通“丰”，壮大，兴旺。

⑫逆：反对。

⑬旸：晴天。

⑭燠（yù）：温暖。

⑮蕃庑（wǔ）：指茂盛。

⑯极备：指过多，过度。

⑰狂：残暴。

⑱僭：差失，罪过。

⑲蒙：昏暗不明。

⑳省：通“眚（shěng）”，灾祸，过失。

㉑微：隐匿，不明显。

㉒攸：通“由”，遵从。

㉓考终命：指享尽天年，年老而善终。

㉔凶、短、折：均指短命、早死。折：夭折。

译 文

“七、用占卜决定疑虑：选择确立主管占卜的官员，然后命令他们占卜。灼烧龟甲得出的卦象有的像雨，有的像雨后初晴时的云气，有的像雾气蒙蒙，有的像若有若无的云气，有的像阴阳两种云气互相侵犯，用蓍草推演出的卦象有的是内卦，有的是外卦，总共有七种。灼烧龟甲得出的卦象有五种，用蓍草推演得出的卦象有两种，根据这些卦象再来推算吉凶。确立这些官员进行卜筮。三个人占卜，就听从两个人的言辞。您如果有很大的疑惑，先自己用心考虑，再与卿士大臣商议，再与普通百姓商量，最后用卜筮来决定。如果您赞成，灼烧龟甲得出的卦象也赞成，使用蓍草推演得出的卦象也赞成，卿士大臣也赞成，普通百姓也赞成，这样就叫作大同。得到这种结果，那您身体就会健康强壮，子孙就会兴旺，是吉利的。如果您赞成，灼烧龟甲得出的卦象也赞成，使用蓍草推演得出的卦象也赞成，卿士大臣反对，普通百姓也反对，结果也是吉利的。如果卿士大臣赞成，灼烧龟甲得出的卦象也赞成，使用蓍草推演得出的卦象也赞成，您自己反对，普通百姓也反对，结果也是吉利的。如果普通百姓赞成，灼烧龟甲得出的卦象也赞成，使用蓍草推演得出的卦象也赞成，您自己反对，卿士大臣也反对，结果也是吉利的。如果您赞成，灼烧龟甲得出的卦象也赞成，使用蓍草推演得出的卦象反对，卿士大臣也反对，普通百姓也反对，那做国内的事情就吉利，做国外的事情就凶险。如果灼烧龟甲得出的卦象和使用蓍草推演得出的卦象都违背人的意志，那不做事就吉利，做事就凶险。

“八、各种征兆：指下雨、晴天、温暖、寒冷、刮风。这五种天气都会到来，各自都按照一定的次序，百草就会繁盛。某一种天气过度，就会是荒年；有一种天气没出现，也会是荒年。好的征兆有：君主恭敬上天，就像下雨；君主善于治国，就像晴天；君主明辨是非，就像温暖的天气；君主善于谋略，就像寒冷的天气；君主神圣，就像刮风。不好的征兆有：君主残暴，就像久雨不晴；君主犯错，就像久晴不雨；君主安逸享乐，就像久温不寒；君主急躁妄动，就像久寒不温；君主昏庸不明，就像长久刮风。君主有过失，会影响一年的天气；卿士大臣有过失，会影响一个月的天气；执事百官有过失，会影响一天的天气。每年每月每日的天气都没有反常的情况，百谷因此成熟，政治因此清明，有才能的百姓因此得到彰显，国家因此安定平和。反之，每天每月每年的天气发生反常的现象，百谷因此不会成熟，政治因此混乱不明，有才能的百姓因此被埋没，国家因此不安宁。百姓就像星宿，有的星宿喜好刮风，有的星宿喜好下雨。日月运行，就有了冬天和夏天。月亮跟着星宿运行，就要用风雨去润泽它们。

“九、五种福泽：第一叫作长寿，第二叫作富裕，第三叫作安宁，第四叫作遵行美德，第五叫作老而善终。六种困厄：第一叫作早死，第二叫作疾病，第三叫作忧虑，第四叫作贫苦，第五叫作邪恶，第六叫作懦弱。”

旅獒第七

原　文

西旅献獒[1]，太保[2]作《旅獒》。

惟克商，遂通道于九夷八蛮[3]。西旅底贡厥獒，太保乃作《旅獒》，用训于王。

曰：“呜呼！明王慎德，四夷咸宾[4]。无有远迩，毕献方物[5]，惟服食器用。王乃昭德之致于异姓之邦，无替[6]厥服；分宝玉于伯叔之国[7]，时庸展亲。人不易[8]物，惟德其物！

“德盛不狎侮。狎侮君子，罔以尽人心；狎侮小人，罔以尽其力。不役耳目[9]，百度惟贞[10]。玩人丧德，玩物丧志。志以道宁，言以道接[11]。不作无益害有益，功乃成；不贵异物贱用物[12]，民乃足。犬马非其土性[13]不畜，珍禽奇兽不育于国。不宝远物，则远人格；所宝惟贤，则迩人安。

“呜呼！夙夜罔或不勤，不矜[14]细行，终累大德。为山九仞[15]，功亏一篑[16]。允迪兹，生民保厥居，惟乃世王。”

注　释

①西旅：指西方的旅国。獒：高头大犬。

②太保：古代官职名。西周始置，监护与辅弼国君之官。周武王去世，周成王年少，召公奭任太保，以长老身份监护。

③通道：指开辟道路。九夷八蛮：指四方各地的少数民族。

④宾：宾服，归顺。

⑤方物：指本地产物，土特产。

⑥替：荒废，废弃。

⑦伯叔之国：指同姓诸侯国。

⑧易：轻视。

⑨不役耳目：指不被耳目役使而贪图美色享乐。

⑩百度惟贞：指各种政务都能处理恰当。百度：百事，各种政务。贞：正。

⑪接：交往。

⑫贵：崇尚，重视。异物：指珍奇的东西。贱：轻视。

⑬土性：指某地的自然环境和生活习性。

⑭矜：注重，崇尚。

⑮仞：古代长度单位。周制八尺，汉制七尺。

⑯篑（kuì）：指盛土的筐子。

译　文

西方的旅国进献了獒，太保召公奭因此作了《旅獒》。

周武王战胜了殷商，于是开通了前往各地少数民族的道路。西方的旅国进贡来了獒，太保召公奭就作了《旅獒》，用来训示武王。

召公奭说："啊！明君谨慎地修养德行，四方的部族都来归顺。不管远近，都来进献地方的特产，但只是服饰、食物、器物类的用品。明君于是昭示德行，把这些物品赐给异姓诸侯国，让他们不要废弃职事；把宝物玉器分给同姓诸侯国，用这种方式来展现亲情。他们不会轻视这些物品，而是把这些物品当作有德的标志！

"德行美盛的人不轻慢别人。君主轻慢君子，就无法让他们尽心；轻慢百姓，就无法让他们尽力。君主不贪图美色享乐，百事都能处理恰当。玩弄人就会丧失德行，玩弄器物就会丧失志向。志向依靠正道而安定，言辞依靠正道去应对。不做没有好处的事情去妨害有益的事，那功业就能成就了；不重视奇巧的事物而轻视实用的事物，那百姓就会丰足了。犬马不是当地土生土长的就不蓄养，珍禽异兽不在国内蓄养。不看重远方的特产，那远方的人就会来归顺了；所看重的只是贤德，那近处的人就安定了。

"啊！从早到晚不能有不勤奋的时候，不谨慎地对待小事，最终会拖累大德。堆砌九仞高的大山，只差一筐土也不能算成功。如果真的能遵循这些道理，百姓就会安居乐业，您的子孙就可以世代为王了。"

金縢第八

原　文

武王有疾，周公作《金縢》[①]。

既克商二年，王有疾，弗豫[②]。二公[③]曰："我其为王穆卜[④]。"周公曰："未可以戚[⑤]我先王。"公乃自以为功[⑥]，为三坛同墠[⑦]。为坛于南方，北面，周公立焉，植[⑧]璧秉圭，乃告太王、王季、文王。

史乃册[9]，祝[10]曰："惟尔元孙某，遘厉虐疾[11]。若尔三王是有丕子[12]之责于天，以旦代某之身。予仁若考[13]能，多材多艺[14]，能事鬼神。乃元孙不若旦多材多艺，不能事鬼神。乃命于帝庭，敷佑四方，用能定尔子孙于下地。四方之民罔不祗畏。呜呼！无坠[15]天之降宝命，我先王亦永有依归。今我即命[16]于元龟，尔之许[17]我，我其以璧与圭归俟尔命；尔不许我，我乃屏[18]璧与圭。"

乃卜三龟，一习吉[19]。启钥见书[20]，乃并是吉。公曰："体[21]，王其罔害。予小子新命于三王，惟永终是图；兹攸俟，能念予一人。"公归，乃纳册于金縢之匮[22]中。王翼日乃瘳[23]。

武王既丧，管叔[24]及其群弟乃流言于国，曰："公将不利于孺子[25]。"周公乃告二公曰："我之弗辟[26]，我无以告[27]我先王。"周公居东二年，则罪人斯得。于后，公乃为诗以贻[28]王，名之曰《鸱鸮[29]》。王亦未敢诮[30]公。

秋，大熟，未获，天大雷电以风，禾尽偃[31]，大木斯拔，邦人大恐。王与大夫尽弁[32]以启金縢之书，乃得周公所自以为功代武王之说。二公及王乃问诸史与百执事。对曰："信[33]。噫！公命我勿敢言。"

王执书以泣，曰："其勿穆卜！昔公勤劳王家，惟予冲人弗及知。今天动威以彰周公之德，惟朕小子其新逆[34]，我国家礼亦宜之。"王出郊，天乃雨，反风[35]，禾则尽起。二公命邦人凡大木所偃，尽起而筑[36]之。岁则大熟。

注释

①周公：姓姬名旦，是周文王姬昌的第四子，周武王姬发的弟弟，曾两次辅佐周武王东伐纣王，周成王即位后，摄政七年。金縢(téng)：指有金属装饰的盒子。

②豫：舒适。

③二公：指太公望和召公奭。太公望，姜姓，吕氏，名尚，一名望，字子牙，别号飞熊。辅佐周武王灭商扶仙，是齐国的始祖。

④穆卜：指恭敬地卜问吉凶。

⑤戚：忧惧，忧伤。

⑥功：质，抵押。

⑦墠（shàn）：古代祭祀或会盟用的场地。

⑧植：通“置”，安放，放置。

⑨册：古代帝王祭祀天地神仙的文书或封爵的诏书。这里用作动词，指写策书。

⑩祝：祷告，向鬼神求福。

⑪遘（gòu）：遇。厉虐：厉害，严重。

⑫丕子：当读为“布兹”，音近而转。兹是席名，布兹就是布席。举行祭祀，先须布席，所以布席就是助祭。

⑬考：《史记》中作“巧”。

⑭多材多艺：指具有多方面的才能和技艺。

⑮坠：丧失，败坏。

⑯即命：指靠近听命。即：靠近。

⑰许：应允，认可。

⑱屏：收藏。

⑲一习吉：指都重复出现吉兆。一：全，都。习：反复练习。这里指重复。

⑳启钥见书：指开锁查看卦书。

㉑体：占卜时的兆象。

㉒匮：存放贵重物品的箱子。

㉓瘳（chōu）：病愈。

㉔管叔：姬姓，名鲜，周文王姬昌与太姒所生第三子，周武王姬发同母弟。因受封于管国，故称管叔或管叔鲜。

㉕孺子：古代称天子、诸侯、世卿的继承人。这里指周成王。周成王，姬姓，名诵，周武王姬发之子，母邑姜（齐太公吕尚之女），西周王朝第二位君主，在位二十一年。继位时年幼，由周公旦辅政。

㉖辟：摄政。

㉗告：告慰。

㉘贻：送。

㉙鸱鸮（chī xiāo）：鸟类，俗称猫头鹰。这里指《诗经·豳风》中的《鸱鸮》篇，诗中描写大鸟在鸱鸮抓去它的小鸟之后，为了防御外来的再次侵害，保护自己的小鸟，不怕辛劳。周公以此来比喻自己历尽艰辛，救乱扶国的苦心。

㉚诮（qiào）：责备。

㉛偃：倒伏。

㉜弁（biàn）：古时的一种官帽，通常配礼服用。这里借指礼服。

㉝信：确实，果真。

㉞新逆：即亲迎。新：马融作“亲”。

㉟反风：指风向反转。

㊱筑：捣土使坚实。

译文

周武王生了重病，周公作了《金縢》祭告神灵。

武王战胜殷商两年后，生了重病，身体不舒服。太公、召公说：“我们为大王恭敬地占卜吧。”周公说：“不能让我们的先王担忧。”周公于是把自己当作抵押，在同一块祭祀场地上筑了三个祭坛。又在南边筑了一个祭坛，周公面朝北方站在坛上，放好玉璧，手拿玉圭，然后向太王、王季、文王进行祷告。

史官写了策书，代周公祝告说：“你们的长孙姬发，遭遇严重的疾病。如果你们三位先王在天上是有选择助祭之人的职责，那就让我姬旦来代替姬发吧。我仁爱顺从，能力出众，多才多艺，能够侍奉鬼神。你们的长孙不如我多才多艺，不能侍奉鬼神。他接受天帝的命令，广泛地佑护四方，因此能安定你们的子孙。四方的百姓没有不恭敬畏惧他的。啊！不丧失上天降下的宝贵使命，我们的先王也将永远有归依的地方。现在我就听从大龟的占卜，你们如果答应我，我就拿着玉璧和玉圭归依你们，等待你们的命令；你们如果不答应我，我就收回玉璧和玉圭。”

于是用三只大龟占卜，都重复出现吉兆。再用蓍草推演出卦象，然后开锁查看卦书，竟然都是吉利的结果。周公说：“根据卦象来看，大王大概不会有危险了。我刚刚接受三位先王的命令，要谋求长久的国运；现在我所期待的是先王能顾念我侍奉鬼神的心意。”周公回去后，就把策书放进有金属装饰的盒子中。武王第二天就痊愈了。

武王去世后，管叔和他的几个弟弟在国内散布谣言，说：“周公将危害年幼的成王。”周公于是告诉太公、召公说：“如果我不代替君主管理朝政，我就无法告慰先王。”周公在东方待了两年，就擒获了作乱的罪人。之后，周公就写了首诗送给成王，名字叫作《鸱鸮》。成王也不敢责备周公。

秋天，百谷都成熟了，还没有收获，天上雷电大作，又伴着大风，庄稼都倒伏了，大树都被连根拔起，国人非常害怕。成王和大夫们都穿上礼服，打开藏在金属盒子中的策书，就看到了周公自愿作为抵押代替武王去死的祝祷词。太公、召公和成王于是询问各位史官与办事官员。他们回答说：“确实是这样。唉！周公命令我们不能说出来。”

成王拿着策书哭泣，说：“不要再去恭敬地占卜了！以前周公为王室辛勤劳苦，我这个年轻人来不及知道。现在上天动用惩罚来彰显周公的德行，我要亲自去迎接他，我们国家的礼制也应该这样。”成王走到郊外，天上还下着雨，风向反转，庄稼都立起来了。太公、召公命令国人，凡是倒伏的大树，都扶起来用土培固根部。这一年获得了大丰收。

大诰第九

原 文

武王崩[1]，三监及淮夷叛[2]，周公相成王，将黜[3]殷，作《大诰》。

王若曰："猷[4]！大诰尔多邦越尔御事。弗吊[5]！天降割[6]于我家，不少延[7]。洪惟[8]我幼冲人，嗣无疆大历服[9]。弗造[10]哲，迪民康，矧曰其有能格[11]知天命？已[12]！予惟小子，若涉渊水，予惟往求朕攸济。敷贲敷前人受命[13]，兹不忘大功。予不敢于闭[14]于天降威，用宁王[15]遗我大宝龟，绍天明[16]。即命曰：'有大艰于西土，西土人亦不静，越兹蠢[17]。殷小腆诞敢纪其叙[18]。天降威，知我国有疵[19]，民不康，曰：予复！反鄙[20]我周邦，今蠢。今翼日，民献[21]有十夫予翼，以于敉[22]宁、武图功。我有大事，休？'朕卜并吉。

"肆予告我友邦君越尹氏[23]、庶士、御事，曰：'予得吉卜，予惟以尔庶邦于伐殷逋播臣[24]。'尔庶邦君越庶士、御事罔不反曰：'艰大，民不静，亦惟在王宫邦君室[25]。越予小子考，翼[26]不可征，王害[27]不违卜？'

"肆予冲人永思艰曰：呜呼！允蠢鳏寡[28]，哀哉！予造天役，遗大投[29]艰于朕身，越予冲人，不卬[30]自恤。义

尔邦君越尔多士、尹氏、御事绥予曰：‘无毖[31]于恤，不可不成乃宁考图功！’

“已！予惟小子，不敢替上帝命。天休于宁王，兴我小邦周，宁王惟卜用，克绥受兹命。今天其相民，矧亦惟卜用。呜呼！天明畏，弼我丕丕基[32]！”

注 释

①崩：古时指帝王的死亡。

②三监：周武王封商王纣之子武庚于商都，并将商的王畿分为卫、鄘、邶三个国家，分别由武王弟管叔鲜、蔡叔度、霍叔处去统治，以监视武庚，总称“三监”。淮夷：指商周时期生活在我国东部的黄淮、江淮一带的古少数民族。

③黜：废除。这里指消灭。

④猷：句首语气助词。

⑤吊：善。

⑥割：灾害。

⑦少延：指片刻的延误。少：稍稍，稍微。

⑧洪惟：语气助词。用于句首。

⑨无疆：指广大无限。历服：指久远之业，王位。历：久。服：事。

⑩造：通“遭”，遭遇。

⑪格：推究。

⑫已：叹词。

⑬敷贲（fén）：指大龟。敷：广，大。贲：三足龟。敷：通“辅”，辅佐。

⑭闭：堵塞。

⑮宁王：指文王。

⑯绍天明：指继承天命。明：假借为“命”。

⑰蠢：骚动，动乱。

⑱小腆：指小主。纪其叙：指组织他的残余势力。纪：治理。这

里指组织。叙：残余。

⑲疵：灾祸。

⑳鄙：通“图”，图谋。

㉑献：古代指贤者。

㉒敉（mǐ）：安抚，安定。

㉓尹氏：古代官名，掌管册命臣工之事。

㉔逋播臣：指不顺从新朝而逃亡的遗臣。

㉕王宫邦君室：指王室之人和诸侯国君。

㉖翼：通“意”，或许。

㉗害：通“曷”，为什么。

㉘允蠢鳏（guān）寡：指确实惊扰了苦难的百姓。鳏寡：指老弱孤苦者。

㉙投：靠，托。

㉚卬（áng）：代词，我。

㉛毖（bì）：谨慎。

㉜丕丕基：指大业。丕：大。

译文

周武王去世后，管叔、蔡叔、霍叔与淮河一带的部族反叛周国，周公辅佐周成王，将要消灭殷国，作了《大诰》。

周公这样说：“啊！遍告你们各诸侯国和你们这些办事大臣。不幸啊！上天对我们国家降下灾祸，没有片刻间断。我这个年轻人，继承了广大久远的王业。没有遇到明智的人，引导百姓走向安康，更何况说会有能力来推究知晓天命呢？唉！我年纪小，就像要渡过深水，我只能去寻求渡河的方法。大龟帮助先王接受天命，到现在也不会忘记它的功劳。我不敢在上天降下惩罚时掩藏它，用文王留给我们的大龟，来占卜并继承天命。我靠近大龟询问说：‘在西边有大灾祸，西边的人心也不安定，在这时蠢动。殷国的小主胆敢组织殷商留下的残余势力。上天降下惩罚，他知道我们国家有危难，百姓不安定，就说：我要复国！反而图谋我们周国，现在正蠢蠢欲动。这两天，有十个贤人来帮助我完成文王、武王所谋的功业。我国将有战事，会吉利吗？’我占卜的结果都是吉利的。

“所以我告诉我们友好国家的君主和各位办事大臣，说：‘我得到吉利的卦象，我要率领你们各国去讨伐殷国那些流亡逃散的罪臣。’你们各国的君主和办事大臣没有不反对的，都说：‘困难太大了，民心不安定，乱臣中还有在王室和诸侯国王室的人。我们这些人考虑，大概不能去征伐，大王您为什么不违背占卜的结果呢？’

“所以我这个年轻人长久地考虑这件困难的事情。唉！确实惊扰了苦难的百姓，可怜啊！我受到上天的役使，天帝把这么艰难的事情交给我，我这个年轻人不能只为自身忧虑。你们这些友好国家的君主和办事大臣来安慰我说：‘不要害怕这些忧虑，不可以不完成文王、武王所图谋的功业！’

“唉！我这年轻人不敢废弃天帝的命令。上天赞美文王，使我们小小的周国兴旺起来，文王只是按照占卜来做事，能接受天命。现在上天要帮助百姓，况且也是按照占卜做事。啊！天命应该敬畏，辅佐我完成这个大业吧！”

原　文

王曰：“尔惟旧人，尔丕克远省[①]，尔知宁王若勤哉！天闷毖我成功所[②]，予不敢不极卒宁王图事。肆予大化诱[③]我友邦君，天棐[④]忱辞，其考[⑤]我民，予曷其不于前宁人图功攸终？天亦惟用勤毖我民，若有疾，予曷敢不于前宁人攸受休毕！”

王曰：“若昔朕其逝[⑥]，朕言艰日思。若考作室，既底法，厥子乃弗肯堂[⑦]，矧肯构[⑧]？厥父菑[⑨]，厥子乃弗肯播，矧肯获？厥考翼其肯曰：予有后弗弃基？肆予曷敢不越卬敉宁王大命？若兄考[⑩]，乃有友伐厥子，民养其劝弗救[⑪]？”

王曰：“呜呼！肆[12]哉，尔庶邦君越尔御事。爽[13]邦由哲，亦惟十人迪知上帝命越天棐忱，尔时罔敢易法，矧今天降戾[14]于周邦？惟大艰人诞邻胥伐于厥室[15]，尔亦不知天命不易？予永念曰：天惟丧殷，若穑夫，予曷敢不终朕亩[16]？天亦惟休于前宁人，予曷其极[17]卜？敢弗于从率宁人有指疆土[18]？矧今卜并吉。肆朕诞以尔东征。天命不僭，卜陈[19]惟若兹。”

注 释

①省：知晓，懂得。

②闷：通“秘”，秘密。毖：教导，告诫。所：道理，方法。

③化诱：指教化诱导。

④棐（fěi）：辅助。

⑤考：成。

⑥逝：往。

⑦堂：宅基。这里指打地基。

⑧构：架木造屋。

⑨菑（zī）：开荒。

⑩考：死。

⑪民养：指供养百姓的官长。劝：劝止。

⑫肆：尽力。

⑬爽：明，清明。

⑭戾：定。这里指成命。

⑮大艰人：指叛乱的罪人。诞：通“延”，连通。这里指勾结。

⑯亩：田地。这里指农事。

⑰极：终。这里指放弃。

⑱率：行。这里指巡视。指：通“旨”，美好。

⑲陈：示，呈现。

译文

周公说："你们这些老臣，大多能知道久远的事情，你们知道文王是如何勤劳啊！上天暗中告诫我们成功的意思，我不敢不快速完成文王所图谋的功业。所以我极力劝导我们友好国家的君主，上天用诚恳的话语来辅助我们，是要成就我们的百姓，我怎么敢不先去完成文王所图谋的功业呢？上天也因此告诫我们的百姓要勤劳，就像得了病要赶快医治一样，我怎么敢不先完成文王的美好事业呢！"

周公又说："就像从前武王讨伐商纣王一样，我要去讨伐武庚，我说一说在艰难日子里的想法。就像父亲要造房子，已经制定了方法，他的儿子却连打地基都不肯，更何况搭建屋子呢？父亲要开垦土地，他的儿子连播种都不肯，更何况收获庄稼呢？这位父亲难道愿意说：我有后代，不会废弃我的基业？所以我怎么敢不在我自己身上完成文王的伟大使命呢？如果兄长死了，有个朋友去攻击兄长的儿子，供养百姓的官长难道能够不去劝止救助吗？"

周公又说："啊！尽力吧，你们各国君主和各位办事大臣。国家的政治清明依靠贤人，现在也有十个贤人引导我们了解天帝的命令和上天辅佐我们的诚意，你们平时不敢轻视法度，更何况现在上天给周国降下了成命呢？那些发动叛乱的罪人勾结邻近的殷人一起来侵犯我们周王室，你们不知道天命是不能改变的吗？我长久地考虑：上天要灭掉殷商，我就像农夫，怎么敢不去完成农事呢？上天也想赞美我们先王，我怎么敢放弃占卜呢？怎么敢不去巡行文王拥有的美好疆土呢？何况现在占卜的结果都是吉利的。所以我要大规模地率领你们向东征讨。天命是不会出错的，占卜的征兆呈现出来的就是这样。"

微子之命第十

原 文

成王既黜殷命，杀武庚，命微子启代殷后[①]，作《微子之命》。

王若曰："猷！殷王元子[②]。惟稽古，崇德象贤。统承先王，修其礼物[③]，作宾于王家，与国咸休，永世无穷。呜呼！乃祖成汤，克齐、圣、广、渊[④]，皇天眷佑，诞受厥命。抚民以宽，除其邪虐，功加于时，德垂后裔。尔惟践修[⑤]厥猷，旧有令闻，恪慎克孝，肃恭神人。予嘉乃德，日笃[⑥]不忘。上帝时歆[⑦]，下民祗协，庸建尔于上公[⑧]，尹兹东夏[⑨]。

"钦哉，往敷乃训，慎乃服命，率由典常，以蕃[⑩]王室。弘乃烈祖，律[⑪]乃有民，永绥厥位，毗[⑫]予一人。世世享德，万邦作式[⑬]，俾我有周无斁[⑭]。

"呜呼！往哉惟休，无替朕命。"

注 释

①微子启：子姓，名启，是商王帝乙的长子，纣王的庶兄。早年在微子国做诸侯国君，故被称为微子。后来成为宋国（今河南商丘）开国远祖。后：继承人。

②元子：泛指长子。

③礼物：指礼制文物。

④齐、圣、广、渊：指中正、通达、广大、深远四种美德。孔颖

达《疏》:“齐者，中也，率心由道，举措皆中也。圣者，通也，博达众务，庶事尽通也。广者，宽也，器宇宏大，度量宽弘也。渊者，深也，知能周备，思虑深远也。”

⑤践修：指履行修治。

⑥日笃：指日益加深，一天比一天厉害。

⑦歆（xīn）：祭祀时神灵享受祭品、香火。

⑧上公：指三公以上的爵位。

⑨尹：治理。东夏：泛指中国东部。

⑩蕃：通“藩”，捍卫。

⑪律：约束。

⑫毗：通“弼”，辅助。

⑬式：样式，榜样。

⑭俾：通“比”，跟从。斁（yì）：懈怠。

译文

周成王断绝了殷商的国运后，杀了武庚，命令微子启代替武庚做殷商的继承人。史官记录这件事，作了《微子之命》。

成王这样说：“啊！殷王帝乙的长子。考察以前的事情，殷商有崇尚美德、效法贤人的制度。继承先王的传统，修治国家的礼制器物，做周王室的宾客，与周国同样美好，世世代代不会断绝。啊！你的先祖成汤，能够做到中正、通达、广大、深远，上天眷顾爱护他，使之大受天命。他用宽缓的政令安抚百姓，除去邪恶残暴的人，功绩施于当世，德行流传于后世。你们要履行修治先王的德政，保持以前就有的好名声，恭敬谨慎，能够遵行孝道，严肃认真地对待神灵与百姓。我欣赏你的德行，日益加深，不能忘怀。天帝时常受到你的祭祀，百姓和谐共处，因此立你为上公，治理东部地区。

“要谨慎啊，去发布你的训令，慎重地执行你接受的命令，遵从常法，来护卫王室。弘扬你们伟大先祖的美德，约束你的臣民，永远安居这个职位，辅佐我一人。子孙世代享受你的恩德，万国都把你作为榜样，服从我们周国不会懈怠。

“啊！去吧，要把事情都做好，不要废弃我的命令。”

康诰第十一

原　文

成王既伐管叔、蔡叔，以殷余民封康叔[1]，作《康诰》《酒诰》《梓材》。

惟三月哉生魄，周公初基作新大邑[2]于东国洛，四方民大和会。侯甸男邦、采卫百工、播民[3]和见，士[4]于周。周公咸勤[5]，乃洪大诰治。

王若曰："孟侯[6]，朕其弟，小子封。惟乃丕显考文王，克明德慎罚；不敢侮鳏寡，庸庸[7]，祗祗[8]，威威[9]，显民，用肇造我区夏[10]，越我一、二邦以修我西土。惟时怙冒[11]，闻于上帝，帝休，天乃大命文王。殪[12]戎殷，诞受厥命越厥邦厥民，惟时叙[13]，乃寡兄勖。肆汝小子封在兹东土。"

王曰："呜呼！封，汝念哉！今民将在祗遹乃文考[14]，绍闻衣[15]德言。往敷求于殷先哲王用保乂民，汝丕远惟商耇成人，宅心知训[16]。别[17]求闻由古先哲王用康保民。宏于天，若德裕[18]乃身，不废在王命！"

王曰："呜呼！小子封，恫瘝[19]乃身，敬哉！天畏棐忱；民情大可见，小人难保。往尽乃心，无康好逸豫，乃其乂民。我闻曰：'怨不在大，亦不在小；惠不惠[20]，懋不懋[21]。'已！汝惟小子，乃服惟弘王应保殷民，亦惟助王宅天命，作新民[22]。”

注　释

①康叔：姬姓，名封，周文王与正妻太姒所生第九子，周武王姬发同母弟，因获封畿内之地康国（今河南禹州西北），故称康叔或康叔封。

②邑：城市，都城。

③播民：指殷商的遗民。播：搬迁，流亡。

④士：通“事”，政务。

⑤勤：慰劳。

⑥孟侯：即康叔，号曰孟侯。

⑦庸庸：即用用，任用值得任用的人。

⑧祗祗：指恭敬值得恭敬的人。

⑨威威：指惩罚需要惩罚的人。

⑩区夏：即诸夏之地，指华夏，中国。

⑪怙冒：指非常勤奋。怙：大。冒：通“勖（xù）”，勉励。

⑫殪（yì）：杀死。此指灭亡。

⑬时叙：指继承基业。时：承，承受。叙：绪。

⑭在：察。遹（yù）：遵循。

⑮衣：通“殷”。

⑯宅心知训：指把明智教导放在心上。宅心：放在心上。

⑰别：另外的。

⑱裕：富饶，充足。

⑲恫瘝（tōng guān）：指病痛，疾苦。

⑳惠不惠：指让不顺从的人顺从。惠：顺。

㉑懋不懋：指让不勤奋的人勤奋。

㉒作新民：指改变殷民，让他们弃旧图新。

译　文

周成王讨伐管叔、蔡叔后，把殷商遗留下来的百姓分封给康叔治理。周公作了《康诰》《酒诰》《梓材》来告诫康叔。

三月，月亮开始放出光亮的时候，周公开始计划在东方洛水边建造一座新的大城邑，四方的百姓都汇集到这里。侯、甸、男三服的君主，采、卫二服的百官，还有殷商的遗民都来朝见，为周国做事。周公逐一慰劳了他们，然后就治理殷商遗民的方法给康叔以告诫。

周公这样说："康叔，我的弟弟，年轻的封啊。你伟大的先父文王，能够崇尚德行，慎用刑罚；不敢轻慢孤苦无依的人，任用值得任用的人，恭敬值得恭敬的人，惩罚需要惩罚的人，使百姓显耀，因而开创了我们华夏地区，和我们几个友好国家共同治理我们西方这片土地。他这样勤奋努力，被天帝听闻，天帝非常高兴，就降下大命给文王。灭掉殷商，大受天命和殷国及其臣民，这后继之业是你的兄长努力所致。所以你这小子才被分封在这东土之上。"

周公又说："啊！封，你要记住啊！现在殷民将观察你是否能恭敬地追随你先父文王，继续听取殷民的好意见。你去往殷地，要广泛地寻求殷国先贤用来保养百姓的方法，你还要长远考察殷商品德高尚的长者，把他们的明智教导放在心上。另外，要寻求古代先王用来安定保护百姓的方法。弘扬天道，如同用美德充实自身，这样就不会废弃王命。"

周公又说："啊！年轻的封啊，治理国家除恶政，就像疾病缠绕在你身上时欲去除，要谨慎啊！上天辅佐真诚的人；百姓的情况大致能看到，但是小民很难安定。你去到殷地，要竭尽全力，不要安逸享乐，这样才能治理好百姓。我听说：'民怨不在于大，也不在于小；要让不顺从的人顺从，不勤奋的人勤奋。'唉！你这个年轻人，你的职责就是广泛推行周王保护殷民的政策，也要帮助周王安定天命，改变殷民。"

原　文

王曰："呜呼！封，敬明乃罚。人有小罪，非眚，乃惟终自作不典[①]；式尔[②]，有厥罪小，乃不可不杀。乃有大罪，非终，乃惟眚灾；适[③]尔，既道极[④]厥辜，时乃不可杀。"

王曰："呜呼！封，有叙时，乃大明服，惟民其敕[5]懋和。若有疾，惟民其毕弃咎。若保赤子[6]，惟民其康乂。非汝封刑人杀人，无或刑人杀人。非汝封又曰劓刵[7]人，无或劓刵人。"

王曰："外事[8]，汝陈时臬司师[9]，兹殷罚有伦。"又曰："要囚[10]，服[11]念五、六日至于旬时，丕蔽要囚[12]。"

王曰："汝陈时臬事罚。蔽殷彝，用其义刑义杀，勿庸以次[13]汝封。乃汝尽逊曰时叙[14]，惟曰未有逊事。已！汝惟小子，未其有若汝封之心。朕心朕德，惟乃知。"

"凡民自[15]得罪：寇攘[16]奸宄，杀越人于货[17]，暋[18]不畏死，罔弗憝[19]。"

王曰："封，元恶大憝[20]，矧[21]惟不孝不友。子弗祗服厥父事，大伤厥考心；于父不能字[22]厥子，乃疾[23]厥子；于弟弗念天显[24]，乃弗克恭厥兄；兄亦不念鞠子[25]哀，大不友于弟。惟吊[26]兹，不于我政人得罪[27]，天惟与我民彝大泯乱[28]。曰：乃其速由文王作罚，刑兹无赦。

"不率大戛[29]，矧惟外庶子、训人惟厥正人越小臣、诸节[30]。乃别播敷造[31]民，大誉弗念弗庸，瘝[32]厥君；时乃引[33]恶，惟朕憝。已！汝乃其速由兹义率杀。

"亦惟君惟长，不能厥家人越厥小臣、外正[34]；惟威惟虐，大放[35]王命；乃非德用乂。

"汝亦罔不克敬典，乃由裕[36]民，惟文王之敬忌[37]；乃裕民曰：'我惟有及[38]。'则予一人以怿[39]。"

注　释

①自作不典：指自己一味做不符合法度的事情。

②式尔：指像这样。式：语气助词。尔：如此。

③适：偶尔。

④道极：指说尽。

⑤敕：告诫。

⑥赤子：指婴儿，孩子。

⑦刵（èr）：古代刑罚之一，割去耳朵。

⑧外事：指在外朝听狱之事。

⑨臬（niè）：箭靶。引申为目标，准则。司师：管理那些主管刑狱的官员。司：掌握，处理。师：狱官。

⑩要囚：囚禁犯人，指审察囚犯的供词。

⑪服：思考。

⑫丕：乃，于是。蔽：审断，判决。

⑬次：即，就。这里指顺从。

⑭逊：恭顺。时叙：指承顺，顺当。

⑮自：因为，由于。

⑯寇攘：指劫掠偷盗。攘：偷，盗窃。

⑰杀越人于货：指害人性命，抢人东西。越：抢劫。

⑱暋（mǐn）：强悍，强横。

⑲憝（duì）：怨恨，憎恶。

⑳元恶大憝：指元凶魁首。憝：奸恶。

㉑矧（shěn）：亦，也。

㉒字：爱。

㉓疾：憎恶，痛恨。

㉔天显：指自然的伦理道德。

㉕鞠子：稚子。

㉖吊：至。

㉗不于我政人得罪：指不由我们执政的官员去处罚他们。政人：指执政官员。得罪：获罪。

㉘泯乱：昏乱，混乱。

㉙戛（jiá）：法。

㉚外庶子、训人：古代官名，掌诸侯、卿大夫之庶子的教养等事。正人：指做官长的人。小臣：亦称“少臣”，掌管占卜、祭祀、田猎、征伐之官。诸节：指掌管符节的官员。

㉛造：通“告”，告诫。

㉜瘝（guān）：病，痛苦。这里指伤害。

㉝引：延伸。这里指助长。

㉞外正：指外官。

㉟放：违背。

㊱裕：教导。

㊲敬忌：指谨慎而有所畏惧。

㊳及：赶上。

㊴怿（yì）：欢喜。

译　文

周公说：“啊！封，要谨慎严明你的刑罚。一个人犯了小罪，不是无意为之，而且始终自己做着这样不符合法度的事情；像这样，他犯的罪虽然很小，但还是不能不杀了他。一个人犯了大罪，但不是坚持到底不肯悔改，而且是过失造成的祸害；偶尔这样做，他已经说尽了自己的罪过，这就不能杀。”

周公说：“啊！封，能顺从这样的做法，就能使百姓明白刑法而心悦诚服，百姓就会互相告诫，勤勉和谐。你应该对待犯罪像对待自己的疾病一样，使百姓都抛弃罪过；保护臣民像保护孩子一样，让百姓都安定。要做到不是你封下令惩罚或杀人，没有谁能惩罚或杀人。不是你封下令割人的鼻子和耳朵，没有谁能割人的鼻子和耳朵。”

周公说：“对于断案刑狱这些事，你要宣布法律来管理主事官员，这样，殷人的刑罚就有条理了。”又说：“对于审察囚犯的供词，要仔细考虑五六天，甚至十天时间，才能决断囚犯的罪过。”

周公说：“你宣布法律来进行惩罚。要根据殷人的法度来决断案件，按照他的罪行决定应该惩罚还是应该诛杀，不要顺从你自己的意志。

如果你认为完全顺从自己的意志就叫作顺当，其实只能说没有把事办好。唉！你这个年轻人啊，没有人有像你一样的心胸。我的心意只有你知道。”

“凡是百姓因为下面这些原因获罪的：抢劫偷盗、内外作乱、杀了人抢劫财货，强横而不怕死。这样的人，没有人不怨恨他们。”

周公说：“封，最大的恶行，也就是不孝顺父母，不友爱亲友。儿子不恭敬地实行父亲的大事，就大大伤害了父亲的内心；做父亲的不能爱护儿子，反而厌恶儿子；做弟弟的不顾念天理伦常，而不能恭敬地对待兄长；兄长也不顾念小弟的哀痛，非常不友爱弟弟。到了这种地步，若还不由我们执政的官员去处罚他们，上天赐予我们百姓的常法就混乱了。就是说：你要赶紧用文王制定的刑罚处罚他们，不能赦免。

“不遵循国家常法的，也就是诸侯国的庶子官、训人官，以及执政官员与小臣、诸节等官员。他们竟然另外宣布法令告诫百姓，大肆赞扬那些不顾念不执行国家法度的人，危害他们的君主；这就助长了恶人，这是我憎恨的。唉！你应该迅速根据这些法令捕杀他们。

“也有做君主做长官的，不能教育好他的家人和内臣、外官；这些人利用威权残害百姓，完全违背王命；不能用德行去教化他们，也要用刑罚惩处。

“你也不能不尊重法典，去教导百姓，要考虑文王谨慎而有所畏惧的态度。你去教导百姓时说：‘我只求赶上文王。’那我就高兴了。”

原　文

王曰：“封，爽惟民迪吉康[①]，我时其[②]惟殷先哲王德，用康乂民作求。矧今民罔迪，不适[③]；不迪，则罔政在厥邦。”

王曰：“封，予惟不可不监，告汝德之说于[④]罚之行。今惟民不静，未戾厥心，迪屡未同，爽惟天其罚殛我，我其不怨。惟厥罪无在大，亦无在多，矧曰其尚显闻于天。”

王曰：“呜呼！封，敬哉！无作怨，勿用非谋非彝蔽时忱[5]。丕则[6]敏德，用康乃心，顾乃德，远乃猷[7]，裕乃以[8]；民宁，不汝瑕殄[9]。”

王曰：“呜呼！肆[10]汝小子封。惟命不于常，汝念哉！无我殄享，明乃服命，高[11]乃听，用康乂民。”

王若曰：“往哉！封，勿替敬，典听朕告，汝乃以殷民世享。”

注释

①爽惟：句首语气助词，无义。迪：开导，教化。

②时其：因此。时：通“是”。

③适：善。

④于：与。

⑤非谋非彝：指不好的计谋，不合适的法令。蔽：堵塞。

⑥丕则：于是。

⑦远乃猷：指为他们的长远生活考虑。猷：计划，谋划。

⑧以：用。这里指衣食用度。

⑨瑕殄：即瑕弃，因其有瑕疵而弃绝之。

⑩肆：尽力，努力。

⑪高：远大。

译文

周公说：“封，百姓接受教化就善良安康，我因此思念殷商圣明先王的德政，把安定百姓作为追求。况且现在百姓不接受教化，就不从善；不加教化，那就没有德政在殷国了。”

周公说：“封，我想你不能不视察民情，我已经告诉你怎么施行德政和刑罚了。现在百姓不安稳，不能安定他们的内心，多次教导还是不能同心，上天将要惩罚我们，我们不能怨恨。罪过不在于大，也不在于多，何况这些罪过已经被上天知晓了。”

周公说：“啊！封，要谨慎啊！不要制造怨恨，不要用不好的计谋、不合适的法令来堵塞你的诚心。于是要努力修养德行，来安定殷民的心，顾念他们的美德，为他们的长远生活考虑，使他们的衣食富足；百姓安宁，就不会责怪嫌弃你了。”

周公说：“啊！尽力吧，年轻的封。天命不会一成不变，你要记住啊！不要断绝我们祖宗的祭祀，明确你自己的职责与使命，扩大你的听闻，来治理殷民，使之安定。”

周公最后这样说：“去吧！封，不要放松警惕，时常听取我的忠告，你就能世代享有殷国了。”

酒诰第十二

原 文

王若曰：“明大命于妹邦[①]。乃[②]穆考文王，肇国在西土。厥诰毖庶邦庶士越少正御事[③]，朝夕曰：‘祀兹酒。’惟天降命，肇[④]我民，惟元祀。天降威，我民用大乱丧德，亦罔非酒惟行；越小大邦用丧，亦罔非酒惟辜。

“文王诰教小子有正有事[⑤]：无彝酒。越庶国：饮惟祀，德将[⑥]无醉。惟曰我民迪小子惟土物爱[⑦]，厥心臧[⑧]。聪听祖考之彝训，越[⑨]小大德。

“小子惟一[⑩]妹土，嗣尔股肱[⑪]，纯其艺黍稷[⑫]，奔走[⑬]事厥考厥长。肇牵车牛，远服贾用[⑭]，孝养厥父母；厥父母庆[⑮]，自洗腆[⑯]，致用酒。

"庶士有正越庶伯君子，其尔典听朕教！尔大克羞耇惟君，尔乃饮食醉饱。丕惟曰尔克永观省，作稽中德⑰，尔尚克羞馈祀⑱。尔乃自介⑲用逸，兹乃允惟王正事之臣。兹亦惟天若⑳元德，永不忘在王家。"

注释

①妹邦：指殷商故土，卫国。

②乃：句首语气助词。

③诰毖：告诫。少正：古代官名，相当于副官。

④肇：通"敏"，劝勉。

⑤有正有事：指主持朝政、担任官职的官员。

⑥将：扶助。

⑦惟土物爱：指爱惜粮食。土物：指土地所产的农作物。

⑧臧：善。

⑨越：扬。

⑩一：专一。

⑪嗣：通"肆"，尽力。股肱：大腿和胳膊。这里引申为体力。

⑫纯：专一不杂。艺：种植。

⑬奔走：指为某种目的而奔波忙碌。

⑭贾用：指买卖商品。

⑮庆：高兴。

⑯洗腆：指置办洁净丰盛的酒食。腆：丰厚。

⑰作稽中德：指行为举止符合道德。稽：举止。中：符合。

⑱馈祀：指以酒食祭鬼神。

⑲介：通"界"，界限，限制。

⑳若：善，赞美。

译文

周公这样说："到卫国去宣布一项重大命令。你的先父文王在西边土地上开始建立国家。他时常告诫各国诸侯、卿士与各级官员说：

‘在祭祀时才能用酒。’上天降下命令，劝勉我们臣民，只有大祭时才能饮酒。上天降下惩罚，我们臣民之所以大乱失德，也没有不是因为饮酒犯下罪行；大小国家之所以灭亡，也没有不是因为饮酒造成灾祸。

“文王告诫担任官职的后代子孙：不要常常饮酒。告诫诸侯国君：只有在祭祀时才能饮酒，并用德来帮助约束自己，不能喝醉。还说我的臣民要教导年轻人爱惜粮食，使他们心思善良。听清楚先祖的常训，发扬大大小小的美德。

“殷民们，你们要一心一意安居在卫国，用你们的力量，专心种植百谷粮食，勤勉地侍奉你们的父辈和长辈。农事完毕，才开始牵牛赶车，到远处去从事贸易，孝顺赡养自己的父母；你们的父母高兴，亲自置办了洁净丰盛的宴席，这时能够饮酒。

“各位官长与诸侯国君，你们要时常听从我的教导！你们能够进献美食给年长的人和君主，你们就可以吃饱喝醉。我要说的是你们能长久地观察自省，使自己的行为举止符合道德，你们还可以进献酒食祭祀鬼神。你们如果约束自己饮酒作乐，这样就能确实成为君主的治国大臣。这也是上天赞美的大德，君主将永远不会忘记你们。”

原　文

王曰：“封，我西土棐徂[①]，邦君御事小子尚克用文王教，不腆[②]于酒，故我至于今，克受殷之命。”

王曰：“封，我闻惟曰：‘在昔殷先哲王迪[③]畏天显小民，经德秉哲[④]。自成汤咸至于帝乙，成王畏相[⑤]。惟御事，厥棐有恭，不敢自暇自逸，矧曰其敢崇饮[⑥]？越在外服，侯甸男卫邦伯，越在内服，百僚庶尹惟亚惟服宗工越百姓里居[⑦]，罔敢湎[⑧]于酒。不惟不敢，亦不暇，惟助成王德显越，尹人祗辟[⑨]。’

"我闻亦惟曰：'在今后嗣王⑩，酣身⑪，厥命罔显于民，祇保越怨，不易。诞惟厥纵淫泆⑫于非彝，用燕⑬丧威仪，民罔不衋⑭伤心。惟荒腆于酒，不惟自息乃逸。厥心疾很⑮，不克畏死。辜在商邑，越殷国灭，无罹⑯。弗惟德馨香祀⑰，登闻于天；诞惟民怨，庶群自酒，腥闻在上。故天降丧于殷，罔爱于殷，惟逸。天非虐，惟民自速⑱辜。'"

注　释

①棐（fěi）：辅佐。徂（cú）：过去。

②腆：丰厚。这里指沉迷。

③迪：语气助词，无义。

④经德秉哲：指奉行德政，保持恭敬。经：行，奉行。哲：通"悊（zhé）"，敬。

⑤成王畏相：指保持王道、敬畏辅佐大臣。

⑥崇饮：指群聚饮酒。崇：聚会。

⑦惟亚惟服：指官吏中的副职和办事人员。亚：次。宗工：指王室贵族。里居：指辞官返乡居住。

⑧湎：沉迷。

⑨尹人祇辟：指帮助百官重视法令。尹人：指官员。祇：敬。这里指重视。

⑩后嗣王：指商纣王。

⑪酣身：指自身嗜好饮酒。酣：酒喝得很畅快。

⑫泆（yì）：放纵。

⑬燕：通"宴"，宴饮。

⑭衋（xì）：悲伤。

⑮疾很：即强狠，指强横凶狠。很：通"狠"。

⑯罹：忧虑。

⑰德馨香祀：指美好的德行和芳香的祭祀。馨：散布很远的香气。

⑱速：招致。

译文

周公说："封，以前辅佐我们西方周国的各诸侯国君、官员及其子孙还能遵循文王的教导，不沉迷于酒，所以我们到现在，能接受本属于殷商的天命。"

周公说："封，我听说：'以前殷商圣明的先王敬畏天命和小民，奉行德政，保持恭敬。从成汤到帝乙，他们都保持王道，敬畏辅佐大臣。治理政事的官员，辅佐君主很恭敬，不敢懈怠安逸，何况说敢聚众饮酒呢？在朝廷外的侯、甸、男、卫等五服诸侯，在朝廷内的各级官员、王室贵族以及辞官回乡居住的百官，没有敢沉迷于酒的。不仅不敢，也没有闲暇去饮酒，只是辅佐君主成就德政，使其美名显扬，帮助百官重视法令。'

"我也听说：'到了近世的商纣王，他自身嗜好饮酒，发布的命令不被百姓重视，安于百姓的怨恨，不肯悔改。他在不符合法度的场合大肆放纵淫乱、安逸享乐，因为宴饮而丧失了自身的威仪，臣民没有不痛苦伤心的。他只知道过度沉迷于酒色，不知道自己停止享乐。他的心思狠毒，也不畏惧死亡。他在商国都城中犯下罪行，对于殷商的灭亡，没有一点忧虑。没有美好的德行和芳香的祭祀，以让上天知道；只有百姓大量的怨气，以及群臣自行饮酒的腥气，被上天闻知。所以上天降下灾祸给殷商，不再护佑殷商，这只是因为商纣王贪图享乐。不是上天暴虐，而是臣民自己招来灾祸。'"

原文

王曰："封，予不惟若兹多诰。古人有言曰：'人无于水监①，当于民监。'今惟殷坠厥命，我其可不大监抚于时②！予惟曰汝劼毖殷献臣、侯甸男卫③，矧太史友④、内史友、越献臣百宗工，矧惟尔事、服休服采⑤，矧惟若

畴[6]，圻父薄违、农父若保、宏父定辟[7]：‘矧汝刚制[8]于酒。’

“厥或诰曰：‘群饮。’汝勿佚[9]。尽执拘以归于周，予其杀。又惟殷之迪诸臣惟工，乃湎于酒，勿庸杀之，姑[10]惟教之。有斯明享[11]，乃不用我教辞，惟我一人弗恤弗蠲[12]，乃事时同于杀。”

王曰：“封，汝典听朕毖，勿辩[13]乃司民湎于酒。”

注释

①监：通“鉴”，观察。

②其：难道。抚：览。监抚：省察。时：这。

③劼（jié）：谨慎。毖：告诫。

④矧：另外。太史友：指记事的史官们。太史：主管记事。下文的“内史”主管记言。友：同僚。

⑤尔事：指你的治事官员。服休服采：指侍宴与朝祭的近臣。

⑥若畴：指那些人。

⑦圻（qí）父薄违：指讨伐叛乱的圻父。圻父：古官名，掌封畿内军事，即司马。薄违：指讨伐叛乱者。农父：古官名，掌管农业的卿，即司徒。宏父：古官名，掌管土地与居民的卿，即司空。

⑧刚制：指强行制止。

⑨佚：放纵。

⑩姑：暂且，姑且。

⑪享：劝勉。

⑫蠲（juān）：除去。

⑬辩：通“俾”，使。

译文

周公说：“封，我不想像这样多说了。古人有句话说：‘人不要在水中观察自己，应该在百姓中观察自己。’现在殷商丧失了天命，我们难道可以不深刻省察这个事实吗！我只想说你要谨慎告诫殷商的贤臣，侯、甸、男、卫的诸侯，还有太史、内史们与百官的宗室家人，还有你的治事官员、侍宴与朝祭的近臣，还有那些讨伐叛乱的圻父、善于保养百姓的农父、制定法规的宏父：‘你们都要强行限制饮酒。’

“如果有人报告说：‘有聚众饮酒的。’你不要放纵他们。把他们都抓起来送到周国都城，我将要杀掉他们。如果殷商的旧臣百官，仍然沉迷于酒，不用杀他们，姑且先教育他们。有了这些明白的劝诫，仍然不遵从我的教令，我就不会怜悯、赦免他们，给予他们和聚众饮酒的人一样的死刑处罚。”

周公说：“封，你要经常听从我的告诫，不要使你治理下的臣民沉迷于酒。”

梓材第十三

原　文

王曰：“封，以厥庶民暨厥臣达大家[①]，以厥臣达王惟邦君，汝若恒。越曰我有师师、司徒、司马、司空、尹、旅[②]，曰：‘予罔厉[③]杀人。’亦厥君先敬劳，肆徂厥敬劳。肆往[④]，奸宄、杀人、历人[⑤]，宥[⑥]；肆亦见厥君事、戕败人[⑦]，宥。王启监[⑧]，厥乱为民。曰：‘无胥戕，无胥虐，至于敬寡，至于属妇[⑨]，合由以容。’王其效[⑩]邦君越御事，厥命曷以？‘引养引恬[⑪]。’自古王若兹，监罔攸辟[⑫]！

“惟曰：若稽田[⑬]，既勤敷菑[⑭]，惟其陈修[⑮]，为厥疆畎[⑯]。若作室家，既勤垣墉[⑰]，惟其涂塈茨[⑱]。若作梓材[⑲]，既勤朴斫[20]，惟其涂丹雘[21]。

“今王惟曰：先王既勤用明德，怀为夹[22]，庶邦享作，兄弟方来。亦既用明德，后式典集[23]，庶邦丕享。皇天既付[24]中国民越厥疆土于先王，肆王惟德用，和怿[25]先后迷民，用怿先王受命。已！若兹监，惟曰欲至于万年，惟王子子孙孙永保民。”

注 释

①达：到。大家：古代指卿大夫。

②越：句首语气助词。尹：指大夫。旅：指军士，士兵。

③厉：指滥杀无辜的人。

④肆往：即故往，从前。

⑤历人：指藏匿罪犯的人。

⑥宥（yòu）：宽容，饶恕。

⑦见：通“现”，显露。戕（qiāng）败：指毁伤身体。

⑧启监：指开始设立诸侯。监：诸侯。

⑨属妇：指侍妾。

⑩效：当为“教”之误。教：教导。

⑪引养引恬：指长养民、长安民。引：延长，延续。恬：安逸，舒适。

⑫辟：通“僻”，邪僻。

⑬稽田：即种田。稽：治理。

⑭敷菑：指耕种。敷：布，指播种。

⑮陈修：指整治。

⑯疆畎：亦作“疆甽”，指垄亩沟渠。

⑰垣墉（yōng）：指墙壁。

⑱涂：当作“斁”。终止，完成。塈（xì）茨：指用泥涂饰茅草屋顶。

⑲梓材：指梓木做成的器具。

⑳朴斫：指砍伐整理。

㉑丹雘（huò）：一种朱红色陶土，用作颜料。

㉒夹：辅佐。

㉓后式典集：指各诸侯国君依照旧例前来朝见。式：效法。集：集会。

㉔付：托付。

㉕和怿：心悦诚服。

译文

周公说："封，从你的百姓、臣子到卿大夫，从你的百官到诸侯国君，你要顺从常典处理政务。对我们各位官长、司徒、司马、司空、大夫、兵士说：'我们不该杀戮无罪的人。'对诸侯君主也要先表示尊敬与慰劳，现在你去到卫国，就要尽力去表示尊敬与慰劳。以前内外作乱的人、杀害别人的人、窝藏罪犯的人，要宽恕他们；以前也有泄露君主谋划之事的人、毁坏别人身体的人，也要宽恕他们。君主设立诸侯，是为了治理百姓。他说：'不要互相残害，不要互相虐待，以至于没有配偶的老人、侍妾，都同样施与教导和宽容。'君主教导诸侯国君与他们的办事官员，他的命令是怎样的呢？'就是要长久地保养百姓，长久地安定百姓。'自古以来君主都像这样，你去监理卫国，不要出差错！

"我想：治理国家，就像种田，已经勤劳地播种了，就应该考虑整治田地，修筑田界，开挖沟渠；就像造房子，已经勤劳地筑好墙壁，就应该考虑完成涂饰屋顶的工作；就像制作梓木器具，已经勤劳地砍削去皮，就应该考虑完成涂漆和颜料的工作。

"现在周王考虑：先王已经勤劳地实行德政，招徕贤人辅佐，各诸侯国都来进贡任职，友好邦国都来朝见。这也已经是实行德政，各诸侯国君就依照旧例前来朝见，各国于是也来进贡。上天已经把中原的百姓和疆土都交托给先王，今王也只有施行德政，使殷商那些迷惑的臣民和谐相处，因而他们就悦服先王接受的天命了。唉！像这样治理百姓，要想使周国流传万年，只有王的子孙永远保护百姓才可以做到。"

召诰第十四

原　文

成王在丰[①]，欲宅洛邑，使召公先相[②]宅，作《召诰》。

惟二月既望[③]，越[④]六日乙未，王朝步自周[⑤]，则至于丰。

惟太保先周公相宅。越若[⑥]来三月，惟丙午朏[⑦]。越三日戊申，太保朝至于洛，卜宅。厥既得卜，则经营[⑧]。越三日庚戌，太保乃以庶殷攻位于洛汭[⑨]。越五日甲寅，位成。若翼日乙卯，周公朝至于洛，则达观[⑩]于新邑营。越三日丁巳，用牲于郊，牛二。越翼日戊午，乃社[⑪]于新邑，牛一，羊一，豕一。越七日甲子，周公乃朝用书命庶殷侯甸男邦伯。厥既命殷庶，庶殷丕作。

注　释

①丰：周文王时的都城。后周武王迁到镐京。

②相：察看，判断。

③既望：指农历每月十六。望：即望日，指阴历每月十五。“既”表示达到的状态，表示满月后一天。

④越：及，到。

⑤周：指周国都城镐京。

⑥越若：即曰若，语气助词，用于句首。

⑦朏（fěi）：新月开始发光，一般用作阴历每月初三的代称。

⑧经营：指筹划营造。

⑨攻位：指测定方位。攻：治理，加工。汭（ruì）：河流汇合的地方。

⑩达观：指遍览，纵观。

⑪社：土地神。这里指社祭，祭祀土地神。

译文

周成王在丰地，想到洛邑去居住，派召公先去察看宫室的位置。史官记录这件事，作了《召诰》。

二月十六，过后六天到乙未日，成王早上从周国都城镐京出发，到达了丰地。

太保召公奭在周公之前先去洛邑察看宫室的位置。接下来的三月丙午日，月亮开始放出光辉。到了第三天戊申日，太保早上到达洛邑，占卜询问神灵宫室的位置。他卜到吉卦后，就开始建造宫室。到了第三天庚戌日，太保就率领众多殷民在洛水与黄河的交界处测定宫室的方位。到了第五天甲寅日，位置测定好了。到了第二天乙卯日，周公早上到达洛邑，就全面视察了新邑的规划情况。到了第三天丁巳日，在郊外用牲畜祭祀上天，用了两头牛。到了第二天戊午日，又在新邑举行社祭，用了一头牛、一头羊、一头猪。到了第七天甲子日，周公在早上发布文告，命令众殷民与侯、甸、男服的诸侯来营造新的国都。已经命令了众殷民，众殷民就大举兴建起来。

原文

太保乃以庶邦冢君出取币①，乃复入锡②周公。曰："拜手稽首旅③王，若公诰告庶殷越自乃御事。呜呼！皇天上帝改厥元子，兹大国殷之命。惟王受命，无疆惟休，亦无疆惟恤④。呜呼！曷其奈何弗敬？

"天既遐终⑤大邦殷之命，兹殷多先哲王在天，越厥后王后民，兹服厥命。厥终[6]，智藏瘝在[7]。夫知保[8]抱携持厥妇子，以哀吁天，徂[9]厥亡，出执[10]。呜呼！天亦哀于四方民，其眷命用懋[11]。王其疾[12]敬德！

“相古先民有夏，天迪从子保[13]，面稽天若[14]，今时既坠厥命。今相有殷，天迪格保[15]，面稽天若，今时既坠厥命。今冲子嗣，则无遗寿耇，曰其稽我古人之德，矧曰其有能稽谋自天？

“呜呼！有王虽小，元子哉。其丕能諴[16]于小民。今休：王不敢后，用顾畏于民岩[17]；王来绍[18]上帝，自服于土中[19]。

“旦曰：‘其作大邑，其自时配皇天[20]，毖祀于上下，其自时中乂；王厥有成命治民。’今休：王先服殷御事，比介[21]于我有周御事，节性惟日其迈[22]。

注　释

①币：泛指车马、皮帛、玉器等礼物。

②锡：通“赐”，给予。

③旅：陈述。

④恤：忧虑。

⑤遐终：指离弃和终止。

⑥终：末期。

⑦智藏瘝在：指明智的人都隐伏了，奸邪的人在朝廷任职。瘝：病。这里指邪恶的人。

⑧保：背负。

⑨徂：通“诅”，诅咒。

⑩出执：指逃脱牢笼、困境。执：通“垫”。

⑪懋：移易，转移。

⑫疾：快速，急速。

⑬子保：即慈保，慈爱护佑民众的贤人。

⑭面稽天若：指努力寻求天意。面：通“勔（miǎn）”，勉力。若：顺。

⑮格保：指感知天意而护佑百姓的贤人。

⑯諴（xián）：和谐。

⑰岩：山石高峻。

⑱绍：通“卲”，卜问。

⑲土中：指大地中央。

⑳自时：指从此。配：配享，从祀。

㉑比介：指亲近。

㉒节性：指节制他们的性情。惟日其迈：指一天天慢慢进步。

译　文

太保就和各国君主出来取了礼物，再入内进献给周公。太保说：“跪拜叩头禀报大王，遵从周公的命令告诫众殷民与殷商的执事旧臣。啊！天帝改变了他的长子，这就是殷国的命运。周王接受天命，福泽无穷无尽，忧患也是无穷无尽的。啊！怎么还能不谨慎呢？

“上天早就想终结大国殷商的国运，但是这个殷国许多圣明的先王都在天上，他的后代子民都能服从他们的命令。到了殷商末代，明智的人都隐伏了，奸邪的人在朝廷任职。男人只知道背着抱着他们的子女，牵着扶着他们的妻子，悲哀地向上天呼告，诅咒商纣灭亡，希望能脱离困境。啊！上天也哀怜四方的百姓，所以眷顾百姓的使命就转移给周国了。大王要赶紧施行德政！

“观察古代的夏人，上天教化他们顺从慈爱护佑百姓的贤人，努力寻求天意，如今已经丧失了天命。现在观察殷国，上天教导他们顺从能感知天意的贤人，努力寻求天意，如今也已经丧失了天命。现在成王继承了周国的王位，没有遗留下来年高而有德的人，说要考察我们古人的德行尚不可能做到，更何况说能考察上天的旨意呢？

“啊！成王虽然年纪小，但他是上天的长子。您能很好地使百姓和谐相处。现在可喜的是：大王不敢延迟营造洛邑宫室的大事，因此顾忌害怕治理殷民的艰难；所以大王来卜问天帝，亲自到洛邑治理天下。

"周公旦说：'建造一座大城，要从此用周国始祖配享上天，谨慎地祭祀天地神灵，要从此在这个中心地区治理天下；大王已经有成命治理百姓。'现在可喜的是：大王先任用殷商的执事旧臣，让他们亲近我们周国的执事大臣，节制他们的性情，一天天慢慢进步。

原　文

"王敬作所，不可不敬德。

"我不可不监于有夏，亦不可不监于有殷。我不敢知曰：有夏服天命，惟有历年[①]；我不敢知曰：不其延。惟不敬厥德，乃早坠厥命。我不敢知曰：有殷受天命，惟有历年；我不敢知曰：不其延。惟不敬厥德，乃早坠厥命。今王嗣受厥命，我亦惟兹二国命，嗣若功。

"王乃初服。呜呼！若生子[②]，罔不在厥初生，自贻[③]哲命。今天其命[④]哲，命吉凶，命历年；知今我初服，宅新邑，肆惟王其疾敬德。王其德之用，祈天永命。

"其惟王勿以小民淫用非彝，亦敢殄戮用乂民，若有功。其惟王位在德元[⑤]，小民乃惟刑[⑥]用于天下，越王显。上下勤恤[⑦]，其曰我受天命，丕若有夏历年，式勿替有殷历年。欲王以小民受天永命。"

拜手稽首，曰："予小臣敢以王之仇民百君子越友民[⑧]，保受王威命明德。王末[⑨]有成命，王亦显。我非敢勤，惟恭奉币，用供王能祈天永命。"

注　释

①历年：指经历的年岁。

②生子：指刚成人的少年。

③贻：赠送。这里指传授。

④命：给予。

⑤位在德元：指处在德首，带头施行德政。

⑥刑：通“型”，效法，作为榜样。

⑦勤恤：指勤劳努力而心怀忧虑。

⑧王之仇民：指殷商的遗民。百君子：即百官。友民：指周国的民众。相对于上文的“仇民”。

⑨末：最后，终了。

译文

“大王要认真做事，不能不施行德政。

“我们不能不借鉴夏国的教训，也不能不借鉴殷国的教训。我不知道，夏国接受天命，该有多少年；我也不知道，他们的国运不会延续。只知道他们不施行德政，就过早地丧失了天命。我不知道，殷国接受天命，该有多少年；我也不知道，他们的国运不会延续。只知道他们不施行德政，就过早地丧失了天命。现在大王承受这天命，我也希望您能考虑这二国的命运，继承他们的功业。

“大王刚刚治理天下。啊！就像刚成年的孩子，父母没有不在他刚出生的时候，就亲自给予明智教诲的。现在上天给予您明智的教诲，给予吉祥或灾祸，给予天命年数；它知道我们现在刚承担起职责，在新邑营造宫室，所以大王您要赶紧施行德政。您要运用德政，祈求上天赐予长久的国运。

“希望大王不要让百姓过分放纵、不遵守法度，也不要胆敢用灭族杀戮的刑罚来治理百姓，这样才会有功绩。希望大王带头实行德政，让百姓能把您作为榜样而在天下奉行德政，发扬大王的美德。君臣上下都能勤劳努力而心怀忧虑，那或许可以说我们接受的天命，会像夏国那么长久，不会像殷国那样长久却被废弃。希望大王与百姓一起接受上天赐予的长久的国运。”

太保跪拜叩头，说：“小臣我冒昧地认为殷国的遗民、百官与周国的臣民，会安然接受大王的威命和明德。大王您最终定下治国政策，那您的名声也会显耀了。我不敢慰劳您，只能恭敬地奉上礼物，来供您祈求上天，希望能赐予我国永久的国运。”

洛诰第十五

原 文

召公既相宅，周公往营成周[①]，使来告卜，作《洛诰》。

周公拜手稽首曰：“朕复子明辟[②]。王如弗敢及天基命定命[③]，予乃胤保大相东土[④]，其基作民明辟。予惟乙卯，朝至于洛师[⑤]。我卜河朔黎水，我乃卜涧水东、瀍水西，惟洛食[⑥]；我又卜瀍水东，亦惟洛食。伻[⑦]来以图及献卜。”

王拜手稽首曰：“公不敢不敬天之休，来相宅，其作周匹[⑧]，休！公既定宅，伻来，来，视予卜，休恒吉。我二人共贞[⑨]。公其以予万亿年敬天之休。拜手稽首诲言。”

周公曰：“王，肇称殷礼[⑩]，祀于新邑，咸秩无文[⑪]。予齐[⑫]百工，伻从王于周，予惟曰：‘庶[⑬]有事。’今王即命曰：‘记功，宗[⑭]以功作元祀。’惟命曰：‘汝受命笃弼，丕视功载[⑮]，乃汝其悉[⑯]自教工。’孺子其朋[⑰]，孺子其朋，其往！无若火始焰焰[⑱]；厥攸灼叙[⑲]，弗其绝。厥若彝及抚事[⑳]如予，惟以在周工往新邑。伻向即[㉑]有僚，明作有功，惇大成裕，汝永有辞。”

公曰："已！汝惟冲子，惟终。汝其敬识百辟享㉒，亦识其有不享。享多仪，仪不及物，惟曰不享。惟不役志㉓于享，凡民惟曰不享，惟事其爽侮。乃惟孺子颁㉔，朕不暇听。朕教汝于棐民彝，汝乃是不蘉㉕，乃时惟不永哉！笃叙乃正父㉖罔不若予，不敢废乃命。汝往敬哉！兹予其明农哉！彼裕我民，无远用戾㉗。"

注　释

①成周：洛邑的代称。

②复：归还。明辟：指明君。

③如弗敢：指似乎不敢。这里表谦虚。及：接受。基命：即始命，指人主初受天命而就位。基：始。定命：指注定的天命。

④东土：指洛邑。

⑤师：一国的首都。

⑥食：消。这里指用龟甲占卜获得吉兆。《孔传》："卜必先墨画龟，然后灼之，兆顺食墨。"

⑦伻（bēng）：使。

⑧周匹：指与镐京相当。匹：相当，比得上。

⑨贞：通"正"，当。这里指承受。

⑩肇称殷礼：指开始举行盛大的典礼。称：举行。殷：盛大。

⑪秩：次序。这里指有序。文：复杂错乱。

⑫齐：整治。这里指率领。

⑬庶：也许，或许。

⑭宗：即宗人，古官名。掌管祭祀礼乐。

⑮功载：指记载功绩的典籍。

⑯悉：尽。

⑰朋：古"凤"字，引申为振奋。

⑱焰焰：指火苗初起时微弱的样子。

⑲叙：通"绪"，连绵不断。

⑳抚事：指主持政事。

㉑向即：指靠近，接近。

㉒享：进献贡品。

㉓役志：指用心。

㉔颁：分。这里指分担。

㉕蘉（máng）：勤勉，努力。

㉖正父：指周成王之父武王。

㉗戾：至，到。

译文

召公已经考察好了宫室的位置，周公就去营造洛邑，派人回来报告占卜的结果。史官记录这件事，作了《洛诰》。

周公跪拜叩头说："我把王位归还给您。大王您谦让着似乎不敢接受初登王位的天命，我继太保之后，全面视察了洛邑，商定了鼓舞百姓的措施。我在乙卯日的早上到达洛邑。为了选择营建宫室的位置，我先占卜了黄河以北的黎水地区，又占卜了涧水以东、瀍水以西地区，只有洛邑是吉利的；我又占卜了瀍水以东地区，也只有洛邑是吉利的。于是请大王前来商量，并献上卜兆。"

周成王跪拜叩头说："您不敢不敬重上天赐予的福泽，来这里察看宫室的位置，将把洛邑建成和镐京相当的都城，这太好了！您既然已经定下了宫室的位置，让我来，我就来了，您又给我看了卜兆，既美好又吉利。让我们二人一起承受上天赐予的吉祥。希望您带着我永远敬重上天赐予的福泽。我跪拜叩头感谢您的教诲。"

周公说："大王，您开始举行盛大的典礼会见诸侯，在新邑祭祀，都安排合理而没有错乱。我率领百官，使他们从镐京跟着您，我想：'或许会有祭祀的事情。'现在大王就下令说：'记下功绩，宗人率领有功的人举行大祭祀。'又命令说：'您接受先王的命令忠诚地辅佐我，查阅记载功绩的典籍，您要亲自尽心教导百官。'年轻的大王要振奋啊，年轻的大王要振奋啊，您要去到洛邑！气势不要像火开始点燃时那么微弱；燃烧起来就让它长久地延续，不要熄灭。您要像我一样遵从常法并主持政事，率领在镐京的百官去往新邑。使他们接近当地的同僚，勉力建立功业，敦厚宽大，成就宽裕的美德，您就能永远享有美名。"

周公说："唉！您虽然还年轻，但也要考虑完成先王的功业。您应该谨慎地记住诸侯们朝见天子时进献的贡品，也要记住那些不进献贡品的。诸侯进献贡品要注重礼仪，礼仪比不上礼物的，就叫作没有进献贡品。如果您内心不重视进献贡品这件事，臣民就会认为不需要进献贡品了，那政事就会出现差错而被人轻慢。我想让您分担处理这件事，我没有时间管理这么多事。我教导您辅导百姓的常法，您如果不努力，您的统治就不会长久啊！真诚地继承您父亲，完全按照我的方法来治国，那样就没有谁敢废弃您的命令。您到新邑去要谨慎啊！现在我们要勉力于农事啊！在那里使百姓富足，不管多远的百姓都会来归附的。"

原文

王若曰："公！明[①]保予冲子。公称[②]丕显德，以予小子扬文武烈，奉答[③]天命，和恒四方民，居师；惇宗将礼[④]，称秩[⑤]元祀，咸秩无文。惟公德明光于上下，勤施于四方，旁作穆穆[⑥]，迓衡[⑦]不迷。文武勤教，予冲子夙夜毖祀。"

王曰："公功[⑧]棐迪，笃罔不若时。"

王曰："公！予小子其退[⑨]，即辟[⑩]于周，命公后[⑪]。四方迪乱未定，于宗礼亦未克敉[⑫]，公功迪将，其后监我士师工，诞保[⑬]文武受民，乱为四辅[⑭]。"

王曰："公定[⑮]，予往已。公功肃[⑯]将祗欢，公无困哉！我惟无斁[⑰]其康事，公勿替[⑱]刑，四方其世享。"

周公拜手稽首曰："王命予来，承保乃文祖受命民，越[⑲]乃光烈考武王，弘朕恭。孺子来相宅，其大惇典殷献民，乱为四方新辟，作周恭先[⑳]。曰：'其自时中乂，万邦咸休，惟王有成绩。予旦以多子[21]越御事笃前人成烈，答[22]其师，作周孚[23]先。’考[24]朕昭子刑，乃单[25]文祖德。伻来毖[26]殷，乃命宁予以秬鬯二卣[27]。曰：‘明禋[28]，拜手稽首休享。’予不敢宿[29]，则禋于文王、武王。‘惠笃叙，无有遘[30]自疾，万年厌[31]于乃德，殷乃引考[32]。’‘王伻殷乃承叙万年，其永观朕子怀德。’”

戊辰，王在新邑烝[33]，祭岁，文王骍[34]牛一，武王骍牛一。王命作册[35]逸祝册，惟告周公其后。王宾杀禋咸格[36]，王入太室[37]，祼[38]。王命周公后，作册逸诰，在十有二月。惟周公诞保文武受命，惟七年。

注　释

①明：勉力。

②称：颂扬，发扬。

③奉答：指顺应，遵奉。

④惇宗将礼：指举行隆重的祭祀之礼。惇：厚。宗：尊。将礼：大礼。

⑤称秩：指举行安排。

⑥旁：广。穆穆：指端庄恭敬的样子。

⑦迓衡：一作“御衡”，指驾车。比喻掌握天下。衡：辕端横木。

⑧功：本领，能耐。

⑨退：指退回镐京。

⑩即辟：指就君位。

⑪后：指继续治理洛邑。

⑫敉（mǐ）：完成。

⑬诞保：指大力治理。

⑭四辅：相传古代天子身边的四个辅佐。这里泛指辅佐大臣。

⑮定：止，留下。

⑯肃：通“速”，快速。

⑰斁：厌倦，懈怠。

⑱替：停止。

⑲越：扬。

⑳先：前导。这里指表率。

㉑多子：指百官。

㉒答：通“合”，集合。

㉓孚：信。

㉔考：成。

㉕单：大。这里指光大。

㉖毖：犒劳，慰劳。

㉗宁：安。这里指问安。秬鬯（jù chàng）二卣（yǒu）：指两卣黍米酒。秬鬯：古代以黑黍和郁金香草酿造的酒，用于祭祀降神及赏赐有功的诸侯。卣：古代一种盛酒的器具，口小腹大，有盖和提梁。

㉘明禋（yīn）：即洁敬，指明洁诚敬的献享。禋：泛指祭祀。

㉙宿：过夜。

㉚遘（gòu）：遇。

㉛厌：饱，足。

㉜引考：指长寿。

㉝烝：古代指冬祭。

㉞骍（xīng）：赤色的牲口。

㉟作册：商、周史官名。

㊱王宾：指助祭的诸侯。杀禋：指杀牲祭祖。

㊲太室：太庙中央之室，亦指太庙。

㊳祼（guàn）：古代酹酒灌地以祭。

译　文

成王这样说：“周公！您要努力辅佐我这个年轻人。您发扬光大显赫的功德，使我这个小子弘扬文王、武王的伟大功业，尊奉天命，和谐四方百姓，居住在洛邑；举行隆重的大礼，安排盛大的祭祀，都有序进行而没有差错。您的功德照耀天地，勤劳施于四方，普遍推行美好的德政，掌控天下而不会迷乱。文武百官勤奋地实行您的教化，我这个年轻人只有早晚恭敬地祭祀。”

成王说：“您擅长辅导教化，我真的不会不顺从。”

成王说：“周公！我要回到镐京去登上王位，请您继续治理洛邑。四方经过教导的乱民还没有安定，由宗人主持的祭祀大礼也还没有完成，您善于教化扶持，要继续管理我的各级官员，大力治理文王、武王所接受的殷民，做我的辅政大臣。”

成王说：“您留下吧，我要回镐京去了。您的任务是快速恭敬地做好使殷民和谐相处的事情，您不会有困难吧？我只有不懈地学习安定天下的政事，您要不停地做我的表率，四方就会世世代代都来朝贡了。”

周公跪拜叩头说：“大王您命我到洛邑来，继续安定您先祖文王所接受的殷民，发扬您伟大的先父武王的功绩，我会恭敬地奉行。您来考察营建宫室的位置，要考虑用厚礼对待殷商的贤民，制定治理四方的新法，做周国恭敬的表率。我说过：‘如果从此在这个九州的中心治理天下，那万国都会和美，大王也会有功绩。我姬旦率领百官与办事大臣忠诚地继承前人的功业，集合洛邑的百姓，做周国诚信的表率。’做到了我告诫您的这些法则，就能光大您先祖文王的美德了。您派使者来慰劳殷民，又让人带了两卣黍米酒来向我问安。使者说：‘洁净恭敬地进行祭祀，跪拜叩头，把它们作为美好的祭品进献给先祖。’我一晚也不敢耽搁，就举行祭祀进献给了文王、武王。我祈祷说：‘希望能让我诚笃顺遂，不要遇到疾病灾祸，万年都饱受您的恩德，殷切地希望您能长寿。’又说：‘希望成王能使殷民继续存在万年，他们就会永远看到大王关怀的恩德。’”

戊辰日，成王在新邑举行冬祭，祭祀新年，给文王的祭品是一头红色的牛，给武王的祭品也是一头红色的牛。成王命令名叫逸的作册官宣读册文，告诉文王、武王，周公将继续治理洛邑。助祭的诸侯们在杀牲祭祖时都来了，成王进入太室，倒酒灌地来祭祀先祖。成王命令周公继续治理洛邑，作册官逸把这件事昭告天下，时间是在十二月。周公担任文王、武王所受的使命，时间是在成王七年。

多士第十六

原　文

成周既成，迁殷顽民[1]，周公以王命诰，作《多士》。

惟三月[2]，周公初于新邑洛，用告商王士[3]。

王若曰："尔殷遗多士！弗吊旻天[4]，大降丧于殷，我有周佑命，将[5]天明威，致王罚，敕[6]殷命终于帝。肆尔多士！非我小国敢弋[7]殷命。惟天不畀允罔固乱[8]，弼我，我其敢求位？惟帝不畀，惟我下民秉为[9]，惟天明畏。

"我闻曰：'上帝引[10]逸。'有夏不适逸，则惟帝降格[11]，向[12]于时夏。弗克庸帝，大淫泆有辞[13]。惟时天罔念闻，厥惟废元命，降致罚；乃命尔先祖成汤革[14]夏，俊民甸四方[15]。

"自成汤至于帝乙，罔不明德恤[16]祀。亦惟天丕建保乂有殷，殷王亦罔敢失[17]帝，罔不配天其泽。在今后嗣王，诞罔显于天，矧曰其有听念于先王勤家？诞淫厥泆，罔顾于天显民祇[18]，惟时上帝不保，降若兹大丧。

"惟天不畀不明厥德，凡四方小大邦丧，罔非有辞于罚。"

注释

①顽民：指殷代遗民中坚决不服从周朝统治的人。

②三月：指周成王亲政元年三月。

③商王士：指商国的旧臣。

④弔：善。旻（mín）天：秋天。这里泛指上天。

⑤将：奉行。

⑥敕：告。

⑦弋：取代。

⑧畀（bì）：赐，给予。允罔固乱：指谄媚欺骗、顽固暴乱的人。允：《尔雅·释诂》中作“谄媚”。罔：欺骗。

⑨秉为：指所作所为。

⑩引：辞，退。这里指制止。

⑪格：法式，标准。

⑫向：引导，劝导。

⑬有辞：指有怨言。

⑭革：变革，更改。

⑮俊民：指贤人，才智杰出的人。甸：治。

⑯恤：顾及，顾念。这里指重视。

⑰失：违背。

⑱祇：通“疷（zhī）”，病。

译文

洛邑建成后，周成王就把殷商那些不服从周的遗民迁移到洛邑，周公用周成王的命令告诫他们，作了《多士》。

周成王亲政第一年三月，周公开始在洛邑处理政务，用成王的命令告诫商国旧臣。

周公这样说：“你们殷商遗留下来的旧臣们！商纣王不敬重上天，上天降下灾祸给殷商，我们周国佑助天命，奉行上天圣明威严的旨意，给予纣王惩罚，宣告殷商的国运为天帝所终止。现在，你们这些遗留下来的旧臣啊！不是我们小小的周国胆敢取代殷商的天命，只是上天不把天命给予那些谄媚欺骗、顽固暴乱的人，从而辅佐我们，我们怎么敢谋求王位呢？天帝不把天命给予那些谄媚欺骗、顽固暴乱的人，所以我们下民的所作所为，应该敬畏上天。”

“我听说：‘天帝制止逸乐。’夏国不能节制逸乐，那天帝就降下法令，劝导夏桀。夏桀不能听取天帝的教诲，大肆放纵享乐，并对上天有怨言。因此，上天就不再顾念他，废除了他的天命，降下惩罚；于是命令你们的先祖成汤去改革夏国，任用贤德的人统治天下。

“从成汤到帝乙，没有不宣扬德政、重视祭祀的。也因为上天建立并安治殷国，殷国的先王也不敢违背天帝，没有不配合上天施行恩泽的。在帝乙之后继位的纣王，不顺从上天的旨意，更何况说他能听从并记住先王为国勤劳的教诲呢？他大肆放纵享乐，不顾念天意与百姓的困苦，因此天帝不再保护他，降下这么大的灾祸。

“上天不会把天命给予不宣扬德政的人，凡是四方大小国家的灭亡，没有不是因为对上天有怨言而受到惩罚。”

原 文

王若曰：“尔殷多士，今惟我周王丕灵[①]承帝事，有命曰：‘割[②]殷，告敕于帝。’惟我事不贰适[③]，惟尔王家我适。予其曰惟尔洪无度[④]，我不尔动，自乃邑。予亦念天，即于殷大戾，肆不正[⑤]。”

王曰：“猷！告尔多士，予惟时其迁居西尔，非我一人奉德[⑥]不康宁，时惟天命。无违，朕不敢有后[⑦]，无我怨。惟尔知，惟殷先人有册有典，殷革夏命。今尔又曰：‘夏迪简在王庭[⑧]，有服在百僚。’予一人惟听用德；肆予敢求尔于天邑商[⑨]，予惟率[⑩]肆矜尔。非予罪，时惟天命。”

王曰：“多士，昔朕来自奄，予大降尔四国[⑪]民命。

我乃明致天罚，移尔遐逖[12]，比事臣我宗多逊[13]。”

王曰：“告尔殷多士，今予惟不尔杀，予惟时命有申。今朕作大邑于兹洛，予惟四方罔攸宾[14]，亦惟尔多士攸服奔走臣我多逊。尔乃尚有尔土，尔乃尚宁干止[15]。尔克敬，天惟畀矜尔；尔不克敬，尔不啻[16]不有尔土，予亦致天之罚于尔躬。今尔惟时宅尔邑，继尔居；尔厥有干有年于兹洛。尔小子乃兴，从尔迁。”

王曰：“又曰时予，乃或言尔攸居。”

注　释

①灵：假借为“良”，善，美好。

②割：割取，夺取。

③我事不贰适：指我们讨伐殷商，没有另外的敌人。事：指讨伐殷商这件事。适：通“敌”，敌人。

④无度：指无视法度。

⑤正：正法，治罪。

⑥奉德：即秉性。奉：秉持。

⑦后：延缓。

⑧夏迪：指夏朝遵循天道的官员。简：选择。

⑨天邑商：指殷商的大邑。

⑩率：用。

⑪四国：指管、蔡、商、奄四国。

⑫遐逖（tì）：指远方。

⑬比：近来。逊：恭顺。

⑭宾：归服。这里指朝贡。

⑮干止：指作息，劳作和止息。

⑯啻（chì）：只。

译　文

周公这样说："你们殷商的旧臣们，现在只有我们周王能很好地奉行天帝的旨意，天帝有命令说：'夺取殷国，并报告天帝。'我们讨伐殷商，没有另外的敌人，只有殷商的王室是我们的敌人。我想说的是你们自己太无视法度，我并没有动你们，动乱是从你们自己的封邑开始的。我也顾念天意只是要灭亡殷商的王室，所以在安定殷商后，不治你们的罪。"

周公说："啊！告诉你们这些旧臣，我将要把你们迁居到西方，并不是我秉性不安宁，这是上天的旨意。天意不能违背，我不敢迟疑，你们不要怨恨我。你们知道，殷人的祖先有记载历史的典籍，殷商改变了夏国的国运。现在你们又说：'夏朝遵循天道的官员被选在殷商的朝廷上，在百官中都有职位。'我只听从、任用有德的人；所以我冒昧到商国的大邑来招徕你们，我是在尽力怜悯你们。这不是我的罪过，是天命。"

周公说："旧臣们，以前我从奄地来到这里，对你们管、蔡、商、奄四国的臣民广泛地下达命令。我明白地执行上天的惩罚，把你们从遥远的地方迁移过来，近来你们侍奉、臣服我们周朝很恭顺。"

周公说："告诉你们殷商的这些旧臣，现在我不杀你们，我要重申这个命令。现在我在洛邑修建了一座大城市，我是因为四方诸侯没有地方朝贡，也因为你们为我们周朝服务奔走很恭顺。你们还可以有自己的土地，还可以安定地劳作和休息。你们能恭敬谨慎，上天就会赐给你们怜爱；如果不能恭敬谨慎，你们不仅不会拥有自己的土地，我也会对你们执行上天的惩罚。现在你们要安居在自己的城邑中，继续生活；你们将会在洛邑有事业有丰收。从你们迁徙之后，你们的子孙就会兴旺起来。"

周公说："顺从我，顺从我！这样或许才可以谈及你们的长久安居。"

无逸第十七

原文

周公作《无逸》。

周公曰："呜呼！君子所[1]，其无逸。先知稼穑之艰难，乃逸，则知小人之依[2]。相小人，厥父母勤劳稼穑，厥子乃不知稼穑之艰难，乃逸乃谚[3]。既诞[4]，否则[5]侮厥父母曰：'昔之人[6]无闻知。'"

周公曰："呜呼！我闻曰：昔在殷王中宗[7]，严恭寅畏[8]，天命自度[9]，治民祗惧，不敢荒宁[10]。肆中宗之享国[11]七十有五年。其在高宗[12]，时旧[13]劳于外，爰暨小人[14]。作[15]其即位，乃或亮阴[16]，三年不言。其惟不言，言乃雍[17]。不敢荒宁，嘉靖[18]殷邦。至于小大，无时或怨。肆高宗之享国五十有九年。其在祖甲[19]，不义惟王，旧为小人。作其即位，爰知小人之依，能保惠于庶民，不敢侮鳏寡。肆祖甲之享国三十有三年。自时厥后，立王生则逸，生则逸，不知稼穑之艰难，不闻小人之劳，惟耽乐之从[20]。自时厥后，亦罔或克寿。或十年，或七、八年，或五、六年，或四、三年。"

周公曰："呜呼！厥亦惟我周太王、王季，克自抑畏。文王卑服[21]，即康功田功[22]。徽柔懿恭[23]，怀保小民，惠鲜[24]鳏寡。自朝至于日中昃[25]，不遑[26]暇食，用咸和万民。文王不敢盘[27]于游田，以庶邦惟正之供[28]。文王受命惟中身[29]，厥享国五十年。”

注　释

①所：所在，处于。

②依：通“隐”，藏匿。这里指隐情、苦衷。

③谚：通“喭”，粗野不恭。

④诞：通“延”，时间久。

⑤否则：即“丕则”，于是。

⑥昔之人：指上了年纪的人。

⑦殷王中宗：指商中宗太戊，姓子名密，商朝第九位国王，庙号中宗。据说在位七十五年，在位时，举贤人尹陟、巫咸为丞相，天下大治，诸侯归附。

⑧寅畏：指敬畏。

⑨度（duó）：计算，推测。

⑩荒宁：指荒废懈怠，贪图安逸。

⑪享国：享有其国，指帝王在位年数。

⑫高宗：指武丁，子姓，名昭。商朝国君，商王小乙之子。在位五十九年，庙号高宗。

⑬旧：从前武丁做太子时。

⑭爰：于是。塈：通“炁（ài）”，爱。

⑮作：及，等到。

⑯亮阴：指古代天子居丧，政事全权委托大臣处理，默而不言。

⑰雍：和谐。

⑱嘉靖：指以美好的教化平定安抚。

⑲祖甲：子姓，名载，商王武丁之子，商王祖庚之弟，商朝第二十五任君主。

⑳从：追随，追求。

㉑卑服：指穿粗劣的衣服。

㉒即：就，从事。康功：指平整道路的事。

㉓徽柔懿恭：指温和善良，恭敬谨慎。徽：善。懿：美好。

㉔惠鲜：爱护。

㉕中昃（zè）：指日过午而渐西斜。

㉖遑：闲暇。

㉗盘：娱乐。

㉘惟正之供：指一心奉行政事。供：奉。

㉙中身：指中年。

译文

周公写作了《无逸》。

周公说："啊！君子处在官位上不能贪图享乐。先知道了种田的艰难，然后再图安逸，这样就能了解百姓的痛苦。看那些百姓，他们的父母勤劳种田，儿子却不知道种田的艰难，只是安逸放纵。时间久了之后，就轻视他们的父母说：'年纪大的人没有见识。'"

周公说："啊！我听说：从前殷王中宗在位时，严肃谨慎、恭敬戒惧，自己谋求天命，恭敬谨慎地治理百姓，不敢荒废政事、贪图享乐。所以中宗在位长达七十五年。到了高宗在位，他做太子的时候在外劳役，于是爱护百姓。等到他继承王位时，时常去为父守孝，三年都不谈论政事。就是因为他平时不说话，所以说出的话就很和顺合理。他不敢荒废政事、贪图享乐，用美好的教化安定殷国。从百姓到大臣，没有人怨恨他。所以高宗在位有五十九年。祖甲在位时，他认为代替兄长继承王位不合道义，于是逃到民间，做了很久的百姓。等到他登上王位时，就知道百姓的痛苦，能安定爱护百姓，不敢轻视无依无靠的老人。所以祖甲在位有三十三年。自此以后，在位的君主生来就安逸，生来安逸就不知道种田的艰难，不了解百姓的辛劳，只是追求过度的享乐。自此以后，也没有哪个君主能够长寿。有的十年，有的七八年，有的五六年，有的三四年。"

周公说："啊！也就只有我们周国先祖太王、王季，能够自我抑制，敬畏天命。文王穿着粗劣的衣服，从事平整道路、耕种粮食的劳役。温和善良，恭敬谨慎，安定保护百姓，爱护关心孤苦无依的人。从早上到中午到傍晚，他都忙得没有时间吃饭，以此来让万民都和谐。文王不敢游玩享乐，率领各国诸侯一心奉行政事。文王到中年才接受天命登上王位，在位五十年。”

原　文

周公曰：“呜呼！继自今嗣王，则其无淫于观、于逸、于游、于田，以万民惟正之供。无皇[①]曰：‘今日耽乐。’乃非民攸训[②]，非天攸若，时人丕则有愆。无若殷王受之迷乱，酗[③]于酒德哉！”

周公曰：“呜呼！我闻曰：古之人犹[④]胥训告，胥保惠，胥教诲，民无或胥诪张为幻[⑤]。此厥不听，人乃训之，乃变乱先王之正刑，至于小大。民否则厥心违怨，否则厥口诅祝。”

周公曰：“呜呼！自殷王中宗及高宗及祖甲及我周文王，兹四人迪哲。厥或告之曰：‘小人怨汝詈[⑥]汝。’则皇自敬德。厥愆，曰：‘朕之愆允若时。’不啻不敢含怒。此厥不听，人乃或诪张为幻，曰：‘小人怨汝詈汝。’则信之，则若时，不永念厥辟，不宽绰[⑦]厥心，乱罚无罪，杀无辜。怨有同[⑧]，是丛[⑨]于厥身。”

周公曰：“呜呼！嗣王其监于兹。”

注　释

①皇：通“遑”，空闲的，有闲暇的。

②训：顺从。

③酗：无节制地喝酒。

④犹：还，仍然。

⑤诪（zhōu）张为幻：指以欺骗迷惑别人。诪：欺诳。幻：不真

实的。

⑥詈（lì）：责骂。

⑦宽绰：指气量宽宏。

⑧同：聚集。

⑨丛：聚集。

译文

周公说："啊！从此以后继位的君王，绝不能沉迷在观赏、安逸、游乐、田猎这些事情中，率领万民一心奉行政事。不要有闲暇说：'今天可以游玩享乐。'这就不是百姓所能顺从的，也不是上天所能依从的，这样的人就会有罪过。不要像殷王受一样迷惑昏乱，沉迷于酒色啊！"

周公说："啊！我听说：古代的人尚且还互相训导告诫，互相爱护，互相教诲，百姓没有互相欺骗迷惑的。不听从这些劝诫，人们就会恣意妄为，大小群臣就会变动先王制定的法度。百姓内心就会怨恨你，口中就会诅咒你。"

周公说："啊！从殷王中宗到高宗、祖甲，以及我们周国的文王，这四个人都很明智。有人告诉他们说：'百姓怨恨你们咒骂你们。'他们就更加谨慎地修养德行，推行德政。如果有人指出他们的过错，他们不但不心怀愤怒，反而说：'我的过错的确像这样。'如果不听从这些，有的人就会欺骗迷惑他，说：'百姓在怨恨你咒骂你。'他就相信了。如果像这样，他就不会经常考虑法度，不会宽大自己的内心，胡乱惩罚没罪的人，杀害没有过错的人。百姓的怨恨汇聚起来，这就会集中到他身上。"

周公说："啊！希望继位的君主能借鉴这些事啊。"

君奭第十八

原　文

召公为保，周公为师，相成王为左右。召公不说[1]，周公作《君奭》。

周公若曰："君奭！弗吊，天降丧于殷，殷既坠厥命。我有周既受，我不敢知曰：厥基永孚[2]于休。若天棐忱，我亦不敢知曰：其终出于不祥。呜呼！君已[3]曰：'时我[4]，我亦不敢宁于上帝命，弗永远念天威越我民；罔尤违[5]，惟人。在我后嗣子孙，大弗克恭上下，遏佚[6]前人光在家，不知天命不易[7]，天难谌[8]，乃其坠命，弗克经历[9]。嗣前人，恭明德，在今。'予小子旦非克有正，迪惟前人光施于我冲子。又曰：'天不可信。'我道惟宁王德延，天不庸释[10]于文王受命。"

公曰："君奭！我闻在昔成汤既受命，时则有若伊尹，格[11]于皇天。在太甲，时则有若保衡。在太戊，时则有若伊陟、臣扈[12]，格于上帝；巫咸[13]乂王家。在祖乙[14]，时则有若巫贤[15]。在武丁，时则有若甘盘。率惟兹有陈[16]，保乂有殷，故殷礼陟配[17]天，多历年所[18]。天维纯佑[19]命，则商实百姓王人[20]，罔不秉德明恤，小臣屏[21]侯甸，矧咸奔走。惟兹惟德称，用乂厥辟，故一人有事于四方，若卜筮罔不是孚。"

公曰："君奭！天寿平格[22]，保乂有殷，有殷嗣，天灭威。今汝永念，则有固命，厥乱明我新造邦。"

注释

①说：通"悦"，高兴。

②孚：通"付"，给予。

③已：过去。

④时我：指依靠我们自己。

⑤尤违：指怨恨违背。

⑥遏佚：指断绝，丧失。

⑦不易：指不容易得到。

⑧谌（chén）：相信。

⑨经历：指历时久远。

⑩释：舍弃，抛弃。

⑪格：感知。

⑫伊陟：商朝重臣伊尹之子，商王太戊继位后，任用伊陟担任相国。臣扈：太戊的臣子。事不详。

⑬巫咸：太戊的国师，用筮占卜的创始者，是一个著名的占星家。

⑭祖乙：子姓，名滕，一作胜。商王河亶甲之子，商朝第十三任君主。

⑮巫贤：巫咸之子。在太戊帝孙子祖乙登基后，任宰相，也有贤臣之誉。

⑯率：大概。陈：道。有陈：指有道的贤人。

⑰陟配：指天子去世后，于祭天时配享。

⑱所：句末语气助词。

⑲纯佑：指专一、佑助。这里用作名词，指辅佐大臣。

⑳百姓王人：指商国的异姓百官与同姓王族。

㉑屏：并。

㉒平格：指公正至善。

译　文

召公奭做太保，周公做太师，辅佐周成王，为左右辅政大臣。召公不高兴，周公作了《君奭》来告诫他。

周公这样说："君奭！不幸啊，上天降下灾祸给殷国，殷国已经丧失了天命。我们周国虽已经接受了天命，但我不敢认为：王业开始时就可以永远享有上天赐予的吉祥和美。顺从上天，任用诚信的人辅佐，我也不敢认为：我们周国最终会出现不吉祥的结局。啊！你曾经说过：'依靠我们自己，我们也不敢安然接受天帝的福命，不敢不经常顾念上天的威严与我们的百姓；不要怨恨违背天意，一切都要依靠人。考察我们的子孙后代，大多不能恭敬天地，使前人的光辉断绝在自己国家内，不知道天命难得，上天难以信任我们，就会失去天命，不会长久。继承前人，奉行明德，就在于现在了。'我姬旦不能对您的见解有所指正，只想把前人的光辉传给我们的子孙后代。您又说：'上天不能信赖。'我们只有让文王的德政延续下去，上天才不会舍弃文王所接受的天命。"

周公说："君奭！我听说在以前成汤接受了天命，那时就有像伊尹那样的贤臣，能感知上天的旨意。太甲在位时，就有像保衡那样的贤人。太戊在位时，就有像伊陟、臣扈那样的贤人，能感知上天的旨意；还有巫咸辅佐王室治理国家。祖乙在位时，就有像巫贤那样的贤人。武丁在位时，就有像甘盘那样的贤人。大概就是因为有这些贤人，安定治理殷国，所以殷国的礼制规定，君主死后可以在祭天时配享，经历了很多年。上天用辅佐贤臣教导下民，所以商国的异姓百官与同姓王族，没有人不秉持美德、努力谨慎，君主身边的近臣与侯、甸等服的诸侯，也都奔走效力。因为这些人都是根据德行而推举，来辅佐君主治理国家的，所以君主一个人对四方施加政令，就如同卜筮一样，没有人不相信。"

周公说："君奭！上天使公正至善的人长寿，安定治理殷国，所以殷国继承了夏国的天命，上天也不再施加惩罚。现在你经常想着这些，上天就会有成命，治理好我们新的都城洛邑。"

原 文

公曰："君奭！在昔上帝割申劝宁王之德[①]，其集[②]大命于厥躬？惟文王尚克修和我有夏[③]；亦惟有若虢叔[④]，有若闳夭[⑤]，有若散宜生[⑥]，有若泰颠[⑦]，有若南宫括[⑧]。又曰：无能往来[⑨]，兹迪彝教，文王蔑[⑩]德降于国人。亦惟纯佑秉德，迪知天威，乃惟时昭文王迪见冒[⑪]，闻于上帝。惟时受有殷命哉。武王惟兹四人尚迪有禄[⑫]。后暨武王诞将天威，咸刘[⑬]厥敌。惟兹四人昭武王惟冒，丕单[⑭]称德。今在予小子旦，若游大川，予往暨汝奭其济。小子同未[⑮]在位，诞无我责收[⑯]，罔勖不及[⑰]。耇造德[⑱]不降我则，鸣鸟[⑲]不闻，矧曰其有能格？"

公曰："呜呼！君肆其监于兹！我受命无疆惟休，亦大惟艰。告[⑳]君，乃猷裕[㉑]我，不以后人迷。"

公曰："前人[㉒]敷乃心，乃悉命汝，作汝民极[㉓]。曰：'汝明勖偶[㉔]王，在亶乘兹大命[㉕]，惟文王德丕承，无疆之恤！'"

公曰："君！告汝，朕允保奭。其汝克敬以予监于殷丧大否[㉖]，肆念我天威。予不允惟若兹诰，予惟曰：'襄[㉗]我二人，汝有合哉？'言曰：'在时二人。'天休兹[㉘]至，惟时二人弗戡[㉙]。其汝克敬德，明我俊民，在让后人于丕时[㉚]。呜呼！笃棐时二人，我式克至于今日休。我咸成文王功于！不怠丕冒，海隅[㉛]出日，罔不率俾[㉜]。"

公曰："君！予不惠[㉝]若兹多诰，予惟用闵[㉞]于天越民。”

公曰：“呜呼！君！惟乃知民德[35]亦罔不能厥初，惟其终。祗若兹，往敬用治！”

注 释

①割：通“害”，为什么。申：一再，反复。

②集：下。

③夏：指华夏，中原。

④虢（guó）叔：周武王之叔，西周初年由周武王封于东虢，授公爵，号东虢公或者虢公。

⑤闳夭：西周开国功臣。西伯被纣囚禁于羑里，他与众人设计，献给纣王美女宝物，营救西伯脱险，后又佐武王灭商。

⑥散宜生：西周开国功臣。

⑦泰颠：西周开国功臣。

⑧南宫括：又称南宫子，西周开国功臣。

⑨往来：指奔走效劳。

⑩蔑：无，没有。

⑪昭：通“诏”，教导。这里指辅佐。迪见冒：指巨大努力。迪见：“诞”的合音。冒：通“勖”，勤勉。

⑫有禄：指还在世。

⑬刘：杀戮。

⑭单：通“殚”，尽。

⑮同未：通“侗昧”，指愚昧无知。

⑯收：纠正。

⑰不及：指还没有圆满。

⑱耇造德：指老成而有德的人。造：成。

⑲鸣鸟：指凤凰。

⑳告：请求。

㉑猷裕：道，治国之术。

㉒前人：这里指周武王。

㉓极：准则。这里指表率。

㉔偶：配合。

㉕亶：诚，信。乘：通“承”，继承。

㉖大否（pǐ）：指大灾祸。否：坏，恶。

㉗襄：通“攘”，除。

㉘兹：通“滋”，益。

㉙戡：通“堪”，承受，胜利。

㉚让：通“襄”，辅佐。丕时：即“丕承”，继承。

㉛隅：边远的地方。

㉜率俾：顺从。

㉝惠：通“惟”，想。

㉞闵：忧虑。

㉟德：品行，行为。

译文

周公说：“君奭！过去天帝为什么一再嘉勉文王的德行，降下天命在他身上呢？因为文王重视能够治理、和谐我们中原国家的人，也因为有像虢叔、闳夭、散宜生、泰颠、南宫括这五位贤臣。有人说：没有人奔走效劳，努力奉行常法，文王就没有恩德施加给国人了。也因为这些贤臣秉持美德，了解上天的威严，就在这时辅佐文王做出巨大努力，被天帝知晓，所以文王就接受了殷商的天命。武王时，只有四位贤臣还健在。后来他们与武王一起大力奉行上天的惩罚，完全歼灭了敌人。这四位贤臣辅导武王很勤勉，天下人就都盛赞他们的德行。现在我姬旦就像要游过大河，我和您一起前往，或许可以成功。我愚昧无知而处在官位上，您如果不责求纠正我，就没有人勉励我把事做圆满。您这年高有德的人不指示我们治理国家的法则，这就如同凤凰的鸣叫都听不到，更何况说能感知天意呢？”

周公说：“啊！您现在看到这一点，我们接受天命，有无限的喜悦，也有很大的艰难。我请求您，您要教导我治国之道，不要让后人迷惑。”

周公说：“武王宣布自己的心意，详尽地命令您作百姓的表率。他说：‘你要努力配合成王，真诚地接受这个伟大的使命，要继承文王的美德，为国事承担无穷的忧虑啊！’”

周公说：“君奭！我告诉您，我十分信任您太保奭。希望您能谨慎地与我一起看到殷国灭亡的大灾祸，永远记得我们也会受到上天惩罚。我不诚心就不会像这样告诉您，我想说：‘除了我们两个人，您还有看法相合的人吗？’您会说：‘都在我们两个人身上。’上天赐予的福泽越来越多，只有我们两个人是不能胜任的。希望您能施行德政，提拔我们国内贤良的人才，帮助后人继承前人的事业。啊！正因为我们两个人真诚辅佐，我们国家才能达到现在这么和美的境地。我们一同继承了文王的功业，不懈怠地努力做事，因此直到海边日出的地方，也没有人不顺从我们。”

周公说：“君奭！我不想这样过多地劝告你了，我只想我们要忧虑天命和百姓。”

周公说：“啊！君奭！您知道百姓的行为，事情开始时也没有不好好做的，重要的是要做到最后。恭敬地做好这些，以后要谨慎地治理好国事啊！”

蔡仲之命第十九

原　文

蔡叔既没，王命蔡仲[①]，践[②]诸侯位，作《蔡仲之命》。

惟周公位冢宰[③]，正[④]百工，群叔[⑤]流言。乃致辟[⑥]管叔于商；囚蔡叔于郭邻，以车七乘；降霍叔于庶人[⑦]，三年不齿[⑧]。蔡仲克庸祗德，周公以为卿士。叔卒，乃命诸王邦之蔡。

王若曰："小子胡，惟尔率德改行，克慎厥猷[9]，肆予命尔侯于东土。往即乃封，敬哉！尔尚盖[10]前人之愆，惟忠惟孝；尔乃迈迹[11]自身，克勤无怠，以垂宪[12]乃后；率乃祖文王之彝训，无若尔考之违王命。皇天无亲，惟德是辅。民心无常，惟惠之怀。为善不同，同归于治；为恶不同，同归于乱。尔其戒哉！慎厥初，惟厥终，终以不困；不惟厥终，终以困穷。懋乃攸绩，睦乃四邻，以蕃[13]王室，以和兄弟，康济小民。率自中[14]，无作聪明[15]乱旧章。详乃视听，罔以侧言[16]改厥度。则予一人汝嘉[17]。"

王曰："呜呼！小子胡，汝往哉！无荒弃朕命！"

注释

①蔡仲：姬姓，名胡，周文王之孙，蔡叔度之子，周武王的侄子，西周时期诸侯国蔡国第二任国君。

②践：登上，承袭。

③冢宰：官名，即太宰。位次三公，为六卿之首。掌管王家财务h和宫内事务。

④正：统率，掌管。

⑤群叔：指蔡叔、管叔、霍叔。均为文王之子，成王之叔。

⑥致辟：指杀戮。辟：罪，罪行。

⑦庶人：指无官爵的平民。

⑧不齿：指不被录用。齿：录用。

⑨猷：道。

⑩盖：遮蔽，掩盖。这里指弥补。

⑪迈迹：指开创事业。

⑫垂宪：指垂示法则、榜样。

⑬蕃：通"藩"，藩屏，捍卫。

⑭中：指中正之道。

⑮作聪明：即自作聪明，指自以为聪明而擅作主张。

⑯侧言：偏于一方的言论，邪巧之言。

⑰嘉：夸奖，赞许。

译文

蔡叔去世后，周成王命令蔡仲继承诸侯的君位。史官记录这件事，作了《蔡仲之命》。

周公担任冢宰，统率百官，蔡叔、管叔、霍叔等人散布谣言中伤周公。周公就在商邑诛杀了管叔；在郭邻囚禁了蔡叔，只给他七辆车子；把霍叔降为平民，三年不准录用。蔡仲能够施行德政，周公就让他做卿士。蔡叔死后，周公就禀告成王，把蔡仲封到了蔡国。

成王这样说："年轻的胡啊，只有你遵循先祖的美德，改正前人的恶行，能谨慎地遵从正道，所以我命令你在东边的疆土上做诸侯。去往你的封地，要谨慎啊！希望你能弥补前人的罪过，想着忠诚孝顺；你要开创自己的事业，能勤劳而不懈怠，来给后人留下榜样；遵循你先祖文王的常训，不要像你父亲那样违背王命。上天不会私爱某人，只是辅佐有德行的人。民心不会一成不变，只是归顺慈惠的君主。做善事的方法不同，但都归于天下大治；做坏事的方法不同，但都归于天下大乱。你要警戒啊！开始时要谨慎，也要考虑到结局，这样最终就不会困苦；不考虑结局，最终就会困苦。勉力成就你的功业，和睦你的四邻，来护卫王室，和谐同姓兄弟，使百姓安居乐业。遵循中正之道，不要自作聪明扰乱先王的成法。详尽地审查你听到看到的事情，不要偏听邪巧的话语就改变法度。这样我就会嘉奖你。"

成王说："啊！年轻的胡啊，去吧！不要荒废我的命令！"

多方第二十

原 文

成王归自奄，在宗周[①]，诰庶邦，作《多方》。

惟五月[②]丁亥，王来自奄，至于宗周。

周公曰："王若曰：猷告尔四国多方惟尔殷侯尹民[③]。我惟大降尔命，尔罔不知。洪惟图[④]天之命，弗永寅念[⑤]于祀，惟帝降格[⑥]于夏。有夏诞厥逸，不肯戚言[⑦]于民，乃大淫昏，不克终日劝于帝之迪，乃尔攸闻。厥图帝之命，不克开于民之丽[⑧]，乃大降罚，崇乱[⑨]有夏。因甲于内乱[⑩]，不克灵承于旅[⑪]。罔丕惟进之恭，洪舒[⑫]于民。亦惟有夏之民叨懫日钦[⑬]，劓割[⑭]夏邑。天惟时求民主，乃大降显休命于成汤，刑殄[⑮]有夏。

"惟天不畀纯，乃惟以尔多方之义民不克永于多享；惟夏之恭[⑯]多士大不克明保享于民，乃胥惟虐于民，至于百为[⑰]，大不克开。

"乃惟成汤克以尔多方简[⑱]，代夏作民主。慎厥丽[⑲]，乃劝；厥民刑，用劝；以至于帝乙，罔不明德慎罚，亦克用劝；要囚殄戮多罪，亦克用劝；开释无辜，亦克用劝。今至于尔辟，弗克以尔多方享天之命，呜呼！"

注　释

①宗周：指周国王都镐京。

②五月：指周成王亲政第二年的五月。

③惟：与。殷侯尹民：指众诸侯国治理百姓的官员。殷：众。尹：治理。

④图：通“鄙”，轻视。

⑤寅念：指敬思。

⑥格：法令。这里指刑罚。

⑦戚言：指忧民的言论。

⑧丽：通“罹”，遭受苦难。

⑨崇乱：指扰乱。

⑩甲：通“狎”，习惯。内乱：指妇人治理朝政。

⑪灵：善。旅：众。

⑫舒：通“荼”，毒害。

⑬叨懫（zhì）：指贪而暴戾。钦：通“廞（xīn）”，兴。

⑭劓割：指残害。

⑮刑殄：指征讨消灭。

⑯恭：通“供”，供职。

⑰百为：指百事。

⑱简：选择。

⑲丽：系，拴。这里指囚禁。

译　文

周成王从奄地回到镐京，周公代替成王告诫各国诸侯。史官记录这件事，作了《多方》。

成王亲政第二年五月丁亥日，成王从奄地回来，到达镐京。

周公说：“成王这样说：告诉你们管、蔡、奄、殷四国和众诸侯国，以及你们治理百姓的官员。我要给你们下达重大的命令，你们不能不知道。夏桀轻视天命，不能重视祭祀，天帝就降下灾祸给夏国。夏桀大肆放纵享乐，不肯说些忧民的话来抚慰百姓，仍然极度淫乱昏聩，不能终日努力地遵从上天的教导，这些都是你们听说过的。夏桀只看重天命，不能使百姓脱离困苦，于是上天就降下大祸惩罚他，扰乱夏国。因为夏桀习惯用妇人来治理朝政，不能很好地顺从百姓。所行之事，无不是要求百姓恭敬地进献财物的，深深地毒害了百姓。也因为夏国的百姓一天天更加地贪婪而暴戾，残害了夏国。上天在这时寻求能做百姓君主的人，就降下光明美好的天命给成汤，来灭绝夏国。

“上天赐予的天命不是一成不变的，这就使你们各诸侯国的百姓不能永远享受安乐；夏国的官员大多不能勉励保护百姓，竟然一起虐待百姓，以至于各种事业都不能开展。

“只有成汤能受到你们各诸侯国君的拥戴，代替夏桀成了百姓的君主。他慎重地释放无罪的囚犯，是劝勉人；处罚犯罪的百姓，也是劝勉人；一直到帝乙，没有哪个君主不宣明德政，慎重地使用刑罚，这也能劝勉百姓；囚禁并杀戮犯了重大罪过的人，也能劝勉百姓；赦免并释放无罪的人，也能劝勉百姓。现在到了你们的君主，不能和你们各诸侯国君享受上天赐予的大命，唉！可悲啊！”

原　文

王若曰：“诰告尔多方，非天庸释[①]有夏，非天庸释有殷。乃惟尔辟以尔多方大淫，图天之命屑有辞[②]。乃惟有夏图厥政，不集[③]于享，天降时丧，有邦间[④]之。乃惟尔商后王逸厥逸，图厥政不蠲烝[⑤]，天惟降时丧。

“惟圣罔念作狂[⑥]，惟狂克念作圣。天惟五年须[⑦]暇之子孙，诞[⑧]作民主，罔可念听。天惟求尔多方，大动以威，开[⑨]厥顾天。惟尔多方，罔堪[⑩]顾之。惟我周王灵承于旅，克堪用德，惟典[⑪]神天。天惟式[⑫]教我用休，简畀殷命，尹尔多方。

“今我曷敢多诰？我惟大降尔四国民命。尔曷不忱裕[⑬]

之于尔多方？尔曷不夹介乂我周王享天之命[14]？今尔尚宅尔宅，畋[15]尔田，尔曷不惠王熙[16]天之命？

“尔乃迪屡不静，尔心未爱[17]。尔乃不大宅[18]天命，尔乃屑播天命[19]，尔乃自作不典，图忱于正[20]。我惟时其教告之，我惟时其战要囚之，至于再，至于三。乃有不用我降尔命，我乃其大罚殛之！非我有周秉德不康宁，乃惟尔自速辜！”

注释

①庸释：指舍弃。

②屑有辞：指用繁琐的言辞来辩解。屑：琐碎。

③集：停留。这里指专注。

④间：代替。

⑤蠲烝：指洁净地祭祀。蠲：通“涓”，清洁。烝：泛指祭祀。

⑥狂：指狂妄无知的人。

⑦须：等待。

⑧诞：通“延”，继续。

⑨开：启发。

⑩堪：能。

⑪典：主持，主管。

⑫式：用。

⑬忱裕：指真诚地教导。

⑭夹：亲近。介：善。

⑮畋：通“佃”，耕种。

⑯熙：广，光大。

⑰爱：顺从。

⑱宅：度，考虑。

⑲屑：通“悉”，皆。播：弃。

⑳正：官长，君长。

译 文

成王这样说："告诉你们各位诸侯国君，不是上天要舍弃夏国，不是上天要舍弃殷国。而是因为你们的君主与你们各诸侯国君大肆放纵，轻视天命而用繁琐的言辞来辩解。因为夏国轻视政事，对祭祀不专注，上天降下这灾祸，使别的国家代替了它。因为你们商国的后王过度安逸享乐，轻视政事又不能洁净地祭祀，上天就降下这灾祸。

"圣明的人不认真思考就会变成无知的人，无知的人能思考就可以成为圣明的人。上天用五年的时间等待殷商的子孙悔改，让他们继续做百姓的君主，但没有人能考虑与听从天意。上天也同样要求你们各诸侯国，降下惩罚来震动你们，启发你们顾念天意。但是你们各诸侯国，没有谁能顾念它。只有我们周王能很好地顺从百姓，能施行德政，主持神圣的天命。上天用美好的法令教导我们，挑选并赐予我们伟大的使命，治理你们各诸侯国。

"现在我怎么敢多说？我只是普遍地向你们四国的臣民降下命令。你们为什么不诚信地劝导各国臣民？你们为什么不亲附我们，助我们周王共享天命呢？现在你们还居住在你们原来的住宅，整治你们的田地，你们为什么不顺从周王来宣扬天命呢？

"你们竟然屡次教导都不安定，内心还不顺从。你们竟然不考虑天命，竟然轻易抛弃天命，你们竟然自己做出不法的事情，还图谋取得君主的信任。我于是教导并告诫你们，我将要通过征战讨伐你们，以至于第二次，甚至第三次。假如还有人不遵循我发布给你们的命令，我就要用大的刑罚来处罚你们！这不是我们周国本性不喜欢安宁，而是你们自己招来的祸患！"

原 文

王曰："呜呼！猷告尔有方多士暨殷多士。今尔奔走臣我监五祀[①]，越惟有胥伯小大多正[②]，尔罔不克臬[③]。

"自作不和，尔惟和哉！尔室不睦，尔惟和哉！尔邑克明，尔惟克勤乃事。尔尚不忌于凶德[4]，亦则以穆穆在乃位，克阅于乃邑谋介[5]。

“尔乃自时洛邑，尚永力畋尔田，天惟畀矜尔，我有周惟其大介赉尔，迪简[6]在王庭。尚尔事，有服在大僚[7]。”

王曰：“呜呼！多士，尔不克劝忱我命，尔亦则惟不克享，凡民惟曰不享。尔乃惟逸惟颇[8]，大远[9]王命，则惟尔多方探[10]天之威，我则致天之罚，离逖尔土。”

王曰：“我不惟多诰，我惟祇告尔命。”

又曰：“时惟尔初，不克敬于和，则无我怨。”

注　释

①监：诸侯。祀：年。

②越惟：句首语气助词。胥伯：指徭役赋税。正：通“政”，政事。

③克臬：指能奉法行事。臬：刑法，法度。

④忌：通“惎（jì）”，启发，教导。凶德：指违背仁德的恶行。

⑤阅：容，容许。介：善。

⑥迪简：指选拔引进。

⑦大僚：指重大官职。

⑧颇：偏邪，不公正。

⑨远：违背。

⑩探：试探。

译　文

成王说：“啊！告诫你们各诸侯国官员与殷国的官员。现在你们为我奔走效劳、臣服我的诸侯国已经五年了，对于徭役赋税与大大小小的各种政事，你们没有不遵守法规的。

“你们自己造成了不和睦，你们应该和睦起来！你们的家庭不和睦，你们也应该要和睦啊！如果你们应该勤于政事，你们的城邑就政治清明了。如果你们能不被坏人引诱，那你们就能端庄恭敬地处在自己的职位上了，就能够住在你们的城邑里谋求美好的生活了。

“你们从此就住在洛邑了，希望你们能永远努力地耕种你们的田地，上天就会怜悯你们，我们周国也将大力扶持并赏赐你们，引进选拔你们到朝廷。希望你们做好自己的职事，那就能让你们担任重要的官职。”

成王说：“啊！众位官员，如果你们不能努力忠诚于我的命令，你们也就不能享有俸禄，百姓也将认为你们不该享有俸禄。你们如果放纵邪恶，大大地违背王命，那么你们众位官员就是想试探上天的威严，我就要施行上天的惩罚，让你们远离自己的土地。”

成王说：“我不想多说了，我只是恭敬地告诉你们天命。”

成王又说：“好好地谋划你们的开端，如果不能谨慎和睦，那就不要怨恨我了。”

立政第二十一

原 文

周公作《立政》。

周公若曰：“拜手稽首，告嗣天子王矣。”用咸[①]戒于王曰：“王左右常伯、常任、准人、缀衣、虎贲[②]。”

周公曰：“呜呼！休兹知恤[③]，鲜[④]哉！古之人迪惟有夏，乃有室大竞[⑤]，吁俊尊上帝迪，知忱恂[⑥]于九德之行。乃敢告教厥后曰：‘拜手稽首后矣！’曰：‘宅乃事[⑦]，宅乃牧，宅乃准，兹惟后矣。谋面[⑧]，用丕训[⑨]德，则乃宅人，兹乃三宅无义民[⑩]。’桀德[⑪]，惟乃弗作往任，是惟暴德，罔后[⑫]。

“亦越成汤陟[13]，丕釐上帝之耿命[14]，乃用三有宅，克即宅，曰三有俊[15]，克即俊。严惟丕式[16]，克用三宅三俊，其在商邑，用协于厥邑；其在四方，用丕式见德。呜呼！其在受德，暋为羞刑暴德之人[17]，同[18]于厥邦；乃惟庶习逸德之人，同于厥政。帝钦[19]罚之，乃伻我有夏，式[20]商受命，奄甸[21]万姓。

注 释

①咸：通“箴”，劝诫。

②左右：指支配，操纵。常伯：古代官名。指畿内地方官，即牧。常任：执古代官名掌政务的长官。准人：古代官名。即狱官，掌管司法刑狱的官。缀衣：古代官名。掌管君主服饰的官。虎贲：古代官名。守卫王宫、护卫君主的武官。

③休兹知恤：指安乐的时候就知道忧患。恤：忧虑。

④鲜：少。

⑤有室：指卿大夫。竞：强劲。

⑥恂：诚信。

⑦宅：度量、考察。事：这里指常任。

⑧谋面：以貌取人。

⑨训：通“顺”，依循。

⑩三宅：指上文所说的常伯、常任、准人三种官职。宅：所居之位。义民：指贤人。

⑪德：升，登上。

⑫罔后：指没有继承者，灭亡。

⑬越：及，等到。陟：登上。

⑭釐：通“赉”，赐予。这里指接受。耿命：明命。多指天帝或帝王的命令。

⑮三有俊：指三宅的属官，皆用贤人。

⑯式：法则。

⑰暋（mǐn）：强。羞刑：指受过刑罚的人。羞：嘲弄，侮辱。

⑱同：聚集。

⑲钦：重。

⑳式：读为“代”，代替。

㉑奄甸：指安抚治理。奄：覆盖。这里引申为安抚。

译　文

周公作了《立政》。

周公这样说：“跪拜叩头，禀告您已继承天子之位。”因而规劝成王说：“大王你要管理常伯、常任、准人、缀衣、虎贲这些官员。”

周公说：“啊！安乐的时候就知道忧患，这样的人实在太少了！古代传说夏国的君主，他们的卿士大夫非常强劲，夏王就呼吁贤能的人尊重天帝的教导，使他们知道要诚信地实行九种美德。夏王敢于告诫教导他的诸侯国君说：‘跪拜叩头，诸侯国君们！’又说：‘考察选用你的常伯、常任、准人等官员，这样才算是君主。如果只依靠相貌，而不依据德行，就考察选用人，这样常伯、常任、准人这三个官职就没有贤人担任了。’夏桀登上帝位，就不用以前任用官员的法则，因此行为暴虐，以至亡了国。

“到了成汤做帝王，大受天帝的明命，能够考察选用贤人来担任常伯、常任、准人这三个官职，这些官员能够做好自己的职事，而这三个官员的属官，也都是贤能俊才。成汤严格按照这个方法来挑选官员，能够任用贤德的人担任各级官职，他们在商邑任职，能够使城内的百姓和谐相处；他们在四方各地任职，能用这种方法显扬美德。啊！等到受做了君主，他强行把受过刑罚、行为暴虐的人聚集在他的国内；而后就任用众多习惯安逸享乐的人，聚集在他的朝廷上。天帝重重地惩罚他，就让我们周国拥有华夏地区，代替商国接受天命，安抚治理天下百姓。”

原　文

“亦越文王、武王，克知三有宅心，灼见[①]三有俊心，以敬事上帝，立民长伯。立政：任人、准夫、牧作三事；虎贲、缀衣、趣马、小尹、左右携仆、百司庶府[2]；大都小伯、艺人、表臣百司[3]；太史、尹伯[4]，庶常吉士[5]。司徒、司马、司空、亚旅；夷、微、卢烝[6]。三亳阪尹[7]。

“文王惟克厥宅心，乃克立兹常事司牧人[8]，以克俊有德。文王罔攸兼于庶言[9]；庶狱庶慎[10]，惟有司之牧夫是训用违[11]；庶狱庶慎，文王罔敢知于兹。亦越武王，率惟敉功，不敢替[12]厥义德，率惟谋从容德，以并受此丕丕基。

“呜呼！孺子王矣！继自今我其立政。立事、准人、牧夫，我其克灼知厥若[13]，丕乃俾乱；相我受民，和[14]我庶狱庶慎。时则勿有间[15]之，自一话一言。我则末惟成德之彦[16]，以乂我受民。

“呜呼！予旦已受人之徽言[17]咸告孺子王矣。继自今文子文孙，其勿误于庶狱庶慎，惟正是乂之。自古商人亦越我周文王立政。立事、牧夫、准人，则克宅之，克由绎[18]之，兹乃俾乂，国则罔有。立政用憸[19]人，不训于德，是罔显在厥世。继自今立政，其勿以憸人，其惟吉士，用劢[20]相我国家。

“今文子文孙，孺子王矣！其勿误于庶狱，惟有司之牧夫。其克诘[21]尔戎兵以陟禹之迹，方行[22]天下，至于海表，罔有不服。以觐[23]文王之耿光，以扬武王之大烈。呜呼！继自今后王立政，其惟克用常人[24]。”

周公若曰：“太史！司寇苏公式敬尔由狱[25]，以长我王国。兹式有慎，以列用中罚[26]。”

注　释

①灼见：指洞察，看清楚。灼：明。

②趣（cǒu）马：古官名，掌管王马。小尹：指小官。左右携仆：指帝王的近臣。百司庶府：指掌管府藏的各官吏。

③大都小伯：古代大小公卿都邑内的大夫、士和邑宰的统称。艺人：指征收赋税的官吏。表臣：指外臣。表：外面。

④尹伯：泛指各官的官长。

⑤庶常吉士：指各位贤能善良的官员。

⑥夷、微、卢烝：指东方、南方、西方各国的君主。烝：君。

⑦三亳阪尹：指治理三亳地区的官员。三亳：中国商代国都有三亳，北亳、南亳、西亳。

⑧常事司牧人：指上文所说的常任治民的官员。

⑨庶言：指各种教令。

⑩庶狱庶慎：指各种刑狱诉讼和训诫诰令之事。慎：敕，指帝王的诏书、命令。

⑪之：与。用违：即用否，用不用。

⑫替：废弃。

⑬若：善。

⑭和：适合，恰当。

⑮间：更迭，代替。

⑯末：终。成德之彦：指有德有才的人。彦：有才学的人。

⑰徽言：指美言，善言。

⑱由绎：指任用之而使其尽力施展才能。

⑲憸（xiān）：奸邪。

⑳劢（mài）：努力。

㉑诘：治。

㉒方行：指遍行，通行。

㉓觐：见。指显现，显扬。

㉔常人：即吉士。

㉕苏公：指苏忿生。西周开国功臣之一，与周公、召公齐名。为

王族，因封于苏，故称苏公生。式：规定。由：用。

㉖列：通“例”，旧例。中罚：指适中的惩罚。

译文

“到了文王、武王在位时，他们能够知道三宅的心意，也能清楚地知晓三宅属官的心意，来恭敬地侍奉天帝，为百姓设立官长。设立的执政官员有：任人、准夫、牧作为三事；虎贲、缀衣、趣马、小尹、左右携仆和百司庶府；大小邦国的君主、艺人、外臣与百官；还有太史、尹伯，他们都是良善的人。诸侯国内的官员有司徒、司马、司空、亚旅；东方、南方、西方各国的君主。还设立了治理三亳地区的官员。

“文王能够知道三宅的想法，就能设立常任治民的官员，并能保证是有才有德的。文王不兼管各种教令；各种诉讼案件和训诫诰令，只由主管官员与地方官指示用或不用；各种诉讼案件和训诫诰令，文王不敢去过问。到了武王在位时，他完成了文王的功业，不敢废弃文王的道义德行，考虑顺从文王宽容的美德，这样文王与武王就一起接受了这伟大的基业。

“啊！年幼的成王您成为君主了！从今以后，我就要设立执政官员。设立常任、准人、常伯，我们要能清楚地知道他们的优点，才能让他们治理国家；他们帮助我们治理接受的百姓，恰当地处理我们各种诉讼案件和训诫诰令。这些事情不能互相代替，甚至一言一语。这样，我们最终就会有德才兼备的人，来治理我们接受的百姓。

“啊！我姬旦已经把前人的美言都告诉您这个年幼的君主了。从今以后，先王的子子孙孙，千万不要在各种诉讼案件和训诫诰令上犯错误，只让主管的官员去处理它们。从古代的商国先王到我们的周文王设立执政官员。设立常任、常伯、准人，就能够考察挑选他们，能够任用并发挥他们的能力，这样就可以让他们治理百姓了，国事就不会有失误。设立执政官员如果任用邪恶的人，不能遵循德政，这样就不能在世上显耀自己的名声。从今以后设立执政官员，不能任用邪恶的人，只能任用贤能善良的人，来努力治理我们的国家。

“现在，文王的子孙，您已经做了君主了！希望您不要在各种诉讼案件上犯错误，应该让主管官员去处理。您要是能治理好您的军队，遵循大禹的足迹，遍行天下，一直到海外，也没有人会不臣服。从而来显现文王的圣明光辉，来显扬武王的伟大功绩。啊！从今以后，君主如果要设立执政官员，就必须任用贤能善良的人。

周公这样说："太史！司寇苏公规定要谨慎地处理诉讼案件，来使我们的国家长久安定。现在规定要对刑罚更加谨慎，按照常例，使用适中的处罚。"

周官第二十二

原 文

成王既黜[1]殷命，灭淮夷[2]，还归在丰，作《周官》。

惟周王抚[3]万邦，巡侯甸，四征弗庭[4]，绥[5]厥兆民。六服[6]群辟，罔不承德。归于宗周[7]，董正[8]治官。

王曰："若昔大猷，制治于未乱，保邦于未危。"曰："唐虞稽古，建官惟百。内有百揆[9]四岳，外有州牧侯伯。庶政惟和，万国咸宁。夏商官倍，亦克用乂。明王立政，不惟其官，惟其人。今予小子，祗勤于德，夙夜不逮[10]。仰[11]惟前代时若，训迪厥官。立太师、太傅、太保，兹惟三公。论道经邦[12]，燮理[13]阴阳。官不必备，惟其人。少师、少傅、少保，曰三孤。贰[14]公弘化，寅亮[15]天地，弼予一人。冢宰掌邦治，统百官，均[16]四海。司徒掌邦教，敷五典，扰[17]兆民。宗伯掌邦礼，治神人，和上下。司马掌邦政，统六师，平邦国。司寇掌邦禁，诘奸慝[18]，刑暴乱。司空掌邦土，居四民[19]，时地利。六卿分职，各率其属，以倡[20]九牧，阜[21]成兆民。六年，五服一朝。又六年，王乃时巡，考制度于四岳。诸侯各朝于方岳，大明黜陟[22]。”

王曰：“呜呼！凡我有官君子，钦乃攸司，慎乃出令，令出惟行，弗惟反。以公灭私，民其允怀。学古入官[23]。议事以制，政乃不迷。其尔典常作之师，无以利口[24]乱厥官。蓄疑败谋，怠忽荒政，不学墙面[25]，莅[26]事惟烦。戒尔卿士，功崇惟志，业广惟勤，惟克果断，乃罔后艰。位不期[27]骄，禄不期侈。恭俭惟德，无载[28]尔伪。作德，心逸日休；作伪，心劳日拙。居宠[29]思危，罔不惟畏，弗畏入畏[30]。推贤让能，庶官乃和，不和政庞[31]。举能其官[32]，惟尔之能。称匪其人，惟尔不任。”

王曰：“呜呼！三事暨大夫，敬尔有官，乱尔有政，以佑乃辟。永康兆民，万邦惟无斁。”

注　释

①黜：废除，取消。

②淮夷：小国，其地在今淮甸，在江淮地区。

③抚：占有。

④弗庭：指不来朝见。庭：庭见，即朝见。

⑤绥：安。

⑥六服：周王畿以外的诸侯邦国叫作服，其等次有六，即侯服、甸服、男服、采服、卫服、蛮服。

⑦宗周：指丰地。

⑧董正：指督察整顿。

⑨百揆：指百官及天下各种政务。

⑩逮：及，赶上。

⑪仰：仰慕。

⑫经邦：指治理国家。经：治理。

⑬燮（xiè）理：指协和治理。

⑭贰：副职。

⑮寅亮：指恭敬信奉。

⑯均：平均。

⑰扰：安。

⑱慝（tè）：邪恶。

⑲四民：指士、农、工、商四等居民。

⑳倡：倡导。

㉑阜：丰富，富有。

㉒黜陟：指人才的进退，官吏的升降。

㉓学古入官：指学习古代的法典制度后，才可以做官。

㉔利口：指能言善辩。

㉕不学墙面：指不学习就像面对墙壁，目无所见。比喻不学无术或一无所知。

㉖莅：到，至。这里指面对。

㉗期：希望。

㉘载：行。

㉙宠：尊贵。

㉚弗畏入畏：指如果不敬畏就会陷入可怕的境地。

㉛庞：多。

㉜举能其官：指推举的官员称职。

译文

周成王断绝殷商的国运、消灭了淮夷后，就回到了丰地，作了《周官》。

周成王统治天下，巡视各服的诸侯国，征讨四方不来朝见的诸侯，安定天下的百姓。六服的各诸侯国君，没有不接受周王福泽的。成王回到丰地后，监督整顿治国的官员。

成王说："遵循以前的治国大法，在国家还没混乱的时候制定治国的方法，在国家还没危险的时候安定国家。”又说：“尧、舜考察以前的事情，建立了上百个官职。在内有百揆、四岳，在外有州官、诸侯官长。各种政事都和顺，万国都安宁。夏国、商国的官员增加了一倍，也都能用来治国。英明的君主设立执政官员，不在于官员的多少，而在于任用的人才。现在我恭敬勤奋地修养德行，从早到晚还赶不上他们。我仰慕前代的法制而遵从它，用来教导现在的官员。设立太师、太傅、太保，这是三公。他们负责论述大道，治理国家，协调阴阳。这类官职不一定要齐备，但要任用合适的人。少师、少傅、少保，叫作三孤。他们辅佐三公弘扬教化，敬奉天地，帮我这个君主治理天下。冢宰掌管国家政治，统率百官，安定四海。司徒掌管国家教化，宣布各种法令，安定百姓。宗伯掌管国家礼制，治理神灵和人的事情，调和尊卑上下关系。司马掌管国家军政事务，统领六军，平定各诸侯国。司寇掌管国家禁令，责问奸邪小人，处罚残暴作乱的人。司空掌管国家领土，使士、农、工、商四等百姓安居，按时利用土地生产百谷。六卿分别担任不同的职责，各自率领自己的下属，从而在九州之内倡明政教，使百姓富裕安定。每隔六年，五服的诸侯们来朝觐一次。又过六年，周王就按时巡视各诸侯国，考察四岳的制度。诸侯在各自的山岳朝见天子，公开地罢黜、提拔官员。”

成王说：“啊！凡是我国在位的大小官员，都要恭敬地对待自己主管的事务，谨慎地发号施令，号令发出后一定要实行，不能违反。用公心灭除私心，百姓就会信赖归顺他。学习古代的法典制度后，才可以做官。根据古代的法制议论政事，政治才不会迷乱。希望你们要效法旧典常法，不要以巧辩来扰乱公务。积聚疑惑就会败坏所谋，懈怠疏忽就会荒废政务，不学习就像面对墙壁一样，面对事情就会烦乱。我告诫你们这些卿士，功高在于立志，业广在于勤奋，只有能够果敢决断，才不会有后来的艰难。爵位尊贵不应该骄傲，俸禄丰厚不应该奢侈。恭敬节俭是美德，不能做奸诈虚伪的事情。做好事，内心安逸而一天天变得美好；做坏事，内心疲劳而一天天变得拙劣。处在尊贵的地位上，要考虑到危险，没有什么事不该敬畏，如果不敬畏就会陷入可怕的境地。推举贤人，谦让能人，百官就会和谐；百官不和谐，那政事就会繁多杂乱。推举官员称职，这是你们的能力；选拔官员不称职，这是你们的失职。”

成王说："啊！任人、准夫、牧与大夫们，谨慎地敬守你们的官职，治理好你们的政事，来佑助你们的君主，使万民永久安宁，万国就不会厌弃我们了。"

君陈第二十三

原　文

周公既没，命君陈分正[1]东郊成周，作《君陈》。

王若曰："君陈，惟尔令德孝恭。惟孝友于兄弟，克施有政。命汝尹兹东郊，敬哉！昔周公师保[2]万民，民怀其德。往慎乃司[3]，兹率厥常，懋昭周公之训，惟民其乂。我闻曰：'至治馨香[4]，感于神明。黍稷非馨，明德惟馨。'尔尚式[5]时周公之猷训，惟日孜孜，无敢逸豫。凡人未见圣，若不克见；既见圣，亦不克由[6]圣，尔其戒哉！尔惟风，下民惟草。图厥政，莫或不艰，有废有兴，出入自尔师虞[7]，庶言同则绎[8]。尔有嘉谋嘉猷，则入告尔后于内，尔乃顺之于外，曰：'斯谋斯猷，惟我后之德。'呜呼！臣人咸若时，惟良显哉！"

王曰："君陈，尔惟弘周公丕训，无依势作威，无倚法以削[9]，宽而有制，从容[10]以和。殷民在辟[11]，予曰辟，尔惟勿辟；予曰宥，尔惟勿宥，惟厥中。有弗若于汝政，弗化于汝训，辟以止辟[12]，乃辟。狃[13]于奸宄，败常乱俗，三细[14]不宥。尔无忿疾于顽[15]，无求备于一夫。必有忍，其乃有济。有容，德乃大。简[16]厥修，亦简其或不修；进厥良，以率[17]其或不良。惟民生厚[18]，因物有迁。违上所命，从厥攸好。尔克敬典在德，时乃罔不变。允升于大猷，惟予一人膺[19]受多福，其尔之休[20]，终有辞[21]于永世。”

注释

①分正：指把殷民分别迁移到洛邑并治理。

②师保：指教养。

③司：职掌，主管。

④馨香：指散布很远的香气。

⑤式：效法。

⑥由：顺随，听从。

⑦出入：指相差，差异。虞：谋虑，商量。

⑧绎：寻求事理。

⑨倚：仗恃。削：这里指严苛的刑罚。

⑩从容：行为举止。

⑪在辟：指犯了罪。辟：法罪。

⑫辟以止辟：指处罚他可以制止别人犯法。

⑬狃（niǔ）：指习惯，习以为常。

⑭三细：指上文中出现的奸宄、败常、乱俗三种罪行中的小罪。

⑮忿疾：指愤怒憎恶。顽：愚妄、愚顽的人。

⑯简：辨别，鉴别。

⑰率：劝导。

⑱惟民生厚：指百姓的本性敦厚。

⑲膺：接受，承当。

⑳休：美名。

㉑有辞：指被人赞扬。

译文

周公去世后，周成王命令君陈把殷民区分开来迁徙到洛邑，并进行治理。史官记录这件事，写了《君陈》。

成王这样说：“君陈，只有你具备美好的德行，孝顺父母，恭敬尊长。因为孝顺父母、友爱兄弟，就能施行政令了。我命令你治理这东郊的洛邑，要谨慎啊！以前周公教养万民，百姓感怀他的仁德。你去洛邑要谨慎地对待你的职务，遵循周公的常法，努力发扬周公的训诫，百姓就能治理好了。我听说：‘最好的政治会散布很远的香气，能与神灵相感通。黍稷不能散布很远的香气，圣明的德行才能散布很远的香气。’希望你能效法周公的教导遗训，每天努力，不要安逸享乐。一般人还没见到圣道，好像自己不能见到似的急于见到；等见到圣道后，又不能遵循圣道，你要警戒啊！你是风，百姓就是草。谋划政事，没有不艰难的，有的要废除，有的要兴办，意见不相同，就要与众人商量，众人的意见相同，还要仔细探究。你有好的计谋方法，就要进入内廷告诉你的君主，你还要在外部顺从他，说：‘这个美好的计谋方法，是我们君主的德政。’啊！如果臣子都像这样，那美好的德行就能显现出来了！”

成王说：“君陈，你要弘扬周公的伟大训诫，不要依靠权势威吓百姓，不要依靠法度来施行苛刻的政治，要宽大而有法制，宽缓而和谐。殷民犯了罪，我说处罚，你不要处罚；我说赦免，你不要赦免，应该考虑使用公平适中的刑罚。有人不顺从你的政令，不接受你的教化，如果处罚他可以制止别人犯法，那就处罚。有人习惯做奸邪违法的事，败坏常法，扰乱风俗，即使是这三项中的小罪，也不能赦免。你不要愤恨愚钝无知的人，不要对一个人求全责备。一定要能忍耐，事情才能成功；能宽容别人，德才算大。要能辨别修养好的人，也要能辨别有时修养不好的人；提拔贤良的人，来劝导不贤良的人。百姓的本性敦厚，但会因为外物的影响而发生改变，从而违背君主的命令，顺从官长的喜好。如果你能够重视常法、修养德行，这些人就没有不改变的。如果你的政教真的能升到大道的境地，我将会承受多种福泽，你的美名，终将被世世代代的人们赞扬。”

顾命第二十四

原 文

成王将崩，命召公、毕公率诸侯相康王[1]，作《顾命》。

惟四月，哉生魄，王不怿[2]。甲子，王乃洮颒[3]水。相被冕服[4]，凭玉几[5]。乃同[6]，召太保奭、芮伯、彤伯、毕公、卫侯、毛公、师氏、虎臣、百尹、御事[7]。

王曰："呜呼！疾大渐[8]，惟几[9]，病日臻[10]。既弥留[11]，恐不获誓[12]言嗣，兹予审[13]训命汝。昔君文王、武王宣重光[14]，奠丽[15]陈教，则肄肄[16]不违，用克达[17]殷集大命。在后之侗[18]，敬迓[19]天威，嗣守文、武大训，无敢昏逾[20]。今天降疾，殆弗兴弗悟[21]。尔尚明时朕言，用敬保元子钊弘济于艰难，柔远能迩，安劝小大庶邦。思夫人自乱于威仪[22]。尔无以钊冒贡于非几[23]。"

兹既受命，还，出缀衣[24]于庭。越翼日乙丑，王崩。

注 释

①毕公：姬姓，名高，周文王第十五子，周武王的异母弟，周武王灭商朝后，他受封于毕地，史称毕公高。康王：姬姓，名钊，周成王之子。

②怿：欢喜。

③洮颒（táo huì）：亦作"洮沬""洮𩓣"，指盥手洗面。

④相：指负责君主服饰的太仆。被：通“披”，穿着。

⑤凭：靠在东西上。玉几：古代一种用玉装饰的小案几。

⑥同：中国古代诸侯朝见天子的六礼之一。

⑦太保奭、芮伯、彤伯、毕公、卫侯、毛公：此六人为周成王时六卿，均有封国。师氏：指负责军队的官员。虎臣：即虎贲，指掌管王宫守卫的武官。

⑧渐：剧。

⑨几：危险。

⑩臻（zhēn）：加。

⑪弥留：指病重将死。

⑫誓：谨慎。

⑬审：详细，周密。

⑭重光：比喻累世盛德，辉光相承。

⑮奠丽：指确定刑法。丽：法令。

⑯肄（yì）肄：指努力。

⑰达：通“挞（tà）”，挞伐，引申为征伐。

⑱侗（tóng）：幼稚，无知。

⑲迓：迎。这里指奉行。

⑳逾：越过。

㉑殆：几乎。弗兴弗悟：指不能起来不能清醒。

㉒威仪：指礼法。

㉓贡：通“赣（gòng）”，陷。几：法。

㉔缀衣：指上文成王所穿的礼服。

译 文

周成王临终前，命令召公、毕公率领诸侯们辅佐康王。史官记录这件事，作了《顾命》。

四月，月亮开始显现光明，成王身体不舒适。甲子日，成王洗濯干净，太仆给他戴上王冠，穿上朝服，他就靠着玉几坐下。然后会见朝臣，成王召见太保奭、芮伯、彤伯、毕公、卫侯、毛公、师氏、虎臣、百官的首长与办事官员。

成王说："啊！我的病急剧恶化，已经很危险了，病情还在一天天加重。现在已经到了快死的时候，恐怕不能谨慎地吩咐继承的事情了，现在我详细地训示你们。从前我们的先君文王、武王显现出双重的光辉，制定法律，发布教令，百姓都努力奉行，不敢违背，因此能够讨伐殷商，成就我们周国的天命。后来，年幼无知的我，敬奉天威，继承遵守文王、武王的伟大训示，不敢昏乱而触犯法度。现在上天降下重病，我几乎不能起床不能醒来了。希望你们勉力接受我的话，谨慎地保护我的长子姬钊在艰难中获得大的成功，能安定远方，亲善近邻，安定、教导大小各国。我想众人都要用礼法约束自己的行为，你们不能让姬钊触犯礼法甚至陷入非法的境地啊！"

这些臣子已经接受命令，就退回来，拿出成王的朝服放在王庭。到了第二天乙丑日，成王就逝世了。

原　文

太保命仲桓、南宫毛俾爰齐侯吕伋[1]，以二干戈、虎贲百人逆[2]子钊于南门之外。延入翼室[3]，恤宅宗[4]。丁卯，命作册[5]度。越七日癸酉，伯相命士须材[6]。

狄设黼扆、缀衣[7]。牖间[8]南向，敷重篾席[9]，黼纯[10]，华玉[11]，仍几[12]。西序[13]东向，敷重底席[14]，缀纯[15]，文贝[16]，仍几。东序西向，敷重丰席[17]，画纯[18]，雕玉，仍几。西夹[19]南向，敷重笋席[20]，玄纷纯[21]，漆，仍几。

越玉[22]五重，陈宝，赤刀、大训、弘璧、琬琰[23]，在西序。大玉、夷玉、天球、河图[24]，在东序。胤之舞衣、大贝、鼖鼓[25]，在西房；兑之戈、和之弓、垂之竹矢，在东房。

大辂[26]在宾阶面，缀辂在阼阶面[27]，先辂在左塾之前[28]，次辂[29]在右塾之前。

注　释

①仲桓、南宫毛：人名。事不详。爰：于。齐侯吕伋（jí）：姜姓，吕氏，名伋，也称姜伋、崔伋。是齐太公吕望的长子，西周时期齐国第二代国君。

②逆：迎。

③延：引进，请。翼室：指路寝旁的左右室。

④恤宅宗：指忧居侧室主持丧事。

⑤作册：官名，即太史。掌管制作典册等事务。

⑥须材：指必需的物品。

⑦狄：主管祭礼的官员。黼扆（fǔ yǐ）：古代帝王座后的屏风，上画黑白相间的斧形花纹。黼：古代礼服上绣的半黑半白的花纹。

⑧牖（yǒu）间：指门窗之间。牖：窗。

⑨敷重篾席：指铺设双层的竹席。敷：铺展，铺开。篾：竹。

⑩纯（zhǔn）：指席子的镶边。

⑪华玉：指彩色玉石。

⑫仍几：指没有装饰的几案。仍：因。这里指因其质地，不加装饰。

⑬序：堂屋的东西墙。

⑭厎席：指细密的蒲席。

⑮缀纯：指装饰有彩色的花边。

⑯文贝：指有花纹的贝壳。

⑰丰席：指莞草编的席子。

⑱画纯：指装饰着绘有云气的花边。

⑲夹：指夹室。

⑳笋席：指嫩青竹编成的席子。

㉑玄纷纯：指装饰有黑丝绳连缀的花边。

㉒越玉：指越地进献的玉石。

㉓大训：指记载先王训诫的书籍。弘璧：指大的玉璧。琬琰（wǎn yǎn）：泛指美玉。

㉔大玉、夷玉：指两种美玉。天球：指玉磬。河图：指古代的地图。

㉕鼖（fén）鼓：指大鼓，古代的一种军鼓。

㉖大辂：即玉辂，古时天子所乘之车。

㉗缀辂：即金辂，古代天子所乘的一种车。阼（zuò）阶：指东阶，主人所用之阶。

㉘先辂：天子或诸侯使用的一种用象骨装饰的正车。塾：位于王公列侯私宅大门内外两侧的堂屋。

㉙次辂：木质无饰的车。

译文

太保命令仲桓、南宫毛跟从齐侯吕伋，二人分别拿着盾和戈，率领一百名勇士，在南门外迎接太子钊。把太子钊延请进侧室，太子忧伤地坐着主持丧事。丁卯日，命令作册制定丧礼。到了第七天癸酉日，召公、毕公命令官员准备各种必需的物品。

主持祭礼的狄人陈设黑白相间的斧纹屏风和先王的礼服。门窗之间朝南的位置，铺设双层的竹席，席上装饰有黑白相间的丝织花边，陈设彩玉，用没有装饰的几案。在西墙朝东的位置，铺设双层的细蒲席，席上装饰有彩色的花边，陈设花贝壳，用没有装饰的几案。在东墙朝西的位置，铺设双层的莞席，席上装饰着绘有云气的花边，陈设雕刻的玉器，用没有装饰的几案。在堂的西边夹室朝南的位置，铺设双层的青竹席，席上装饰有黑丝绳连缀的花边，陈设漆器，用没有装饰的几案。

陈列各种宝物，五种越国进献的玉石、赤刀、大训、大玉璧、美玉，放置在西墙向东的席前。大玉、夷玉、玉磬、河图，放置在东墙向西的席前。胤制作的舞衣、大贝壳、大军鼓，放置在西房。兑制作的戈、和制作的弓、垂制作的竹矢，放置在东房。

天子的玉车放置在宾客们所走的西阶前，金车放置在主人走的东阶前，象车放在门左侧堂屋的前面，木车放在门右侧堂屋的前面。

原文

二人雀弁[1]，执惠[2]，立于毕门[3]之内。四人綦[4]弁，执戈上刃[5]，夹两阶戺[6]。一人冕，执刘[7]，立于东堂。一人冕，执钺[8]，立于西堂。一人冕，执戣[9]，立于东垂[10]。一人冕，执瞿[11]，立于西垂。一人冕，执锐[12]，立于侧阶[13]。

王麻冕黼裳，由宾阶隮[14]。卿士邦君麻冕蚁裳[15]，入即位[16]。太保、太史、太宗皆麻冕彤裳[17]。太保承介圭[18]，上宗奉同瑁[19]，由阼阶隮。太史秉书，由宾阶隮，御[20]王册命。曰："皇后凭玉几，道扬末命[21]，命汝嗣训，临君周邦，率循大卞[22]，燮和天下，用答扬文、武之光训[23]。"王再拜，兴，答曰："眇眇[24]予末小子，其能而乱四方以敬忌天威？"

乃受同瑁，王三宿[25]，三祭，三咤[26]。上宗曰："飨[27]！"太保受同，降，盥[28]，以异同秉璋以酢[29]。授宗人同，拜。王答拜。太保受同，祭，哜[30]，宅[31]，授宗人同，拜。王答拜。太保降，收。诸侯出庙门俟。

注释

①雀弁：指古代比冕次一级的礼冠。广八寸，长一尺二寸。如雀头色，赤而微黑，故称。弁：礼帽。

②惠：古兵器名，三棱矛。

③毕门：指祖庙之门。

④綦（qí）：苍青色。

⑤上刃：指刀刃朝向外面。

⑥戺（shì）：台阶两旁所砌的斜石。

⑦刘：兵器名，斧钺。

⑧钺：大斧。

⑨戣（kuí）：兵器名，戟一类的兵器。

⑩东垂：指东堂的阶上。

⑪瞿（qú）：兵器名，戟一类的兵器。

⑫锐：矛一类的兵器。

⑬侧阶：指北堂下的北阶。

⑭阝齐（jī）：登上。

⑮蚁裳：指蚁黑色的礼服。

⑯即位：指就位，走入中庭左右两侧规定的位置。

⑰太宗：古官名，为六卿之一。掌辨宗族之序。彤裳：指红色的礼服。彤：红。

⑱承介圭：指捧着大圭。承：捧着。

⑲同：中国古代爵一类的酒器。瑁：古代帝王所执的玉器。

⑳御：迎接。

㉑道扬末命：指宣布临终遗命。道扬：称扬，宣扬。

㉒卞：法，法度。

㉓答：对。扬：显扬。

㉔眇（miǎo）眇：指微小。

㉕宿：读为徐，缓步向前。

㉖咤（zhà）：奠酒，洒酒。

㉗飨：指上宗劝王饮酒。

㉘盥（guàn）：洗手。

㉙秉璋以酢（zuò）：指捧着玉璋答谢主人。酢：客人用酒回敬主人。

㉚哜（jì）：尝。

㉛宅：通“咤”，奠酒。

译文

两个人戴着赤黑色的礼帽，拿着三棱矛，站在祖庙门里边。四个人戴着青黑色的礼帽，拿着戈，戈刃向外，夹台阶相对站在两旁的斜石上。一个人戴着礼帽，拿着大斧，站在东堂的前面。一个人戴着礼帽，拿着大斧，站在西堂的前面。一人戴着礼帽，拿着戟，站在东堂阶上。一个人戴着礼帽，拿着戟，站立在西堂阶上。还有一个人戴着礼帽，拿着矛，站在北堂北面的台阶上。

康王戴着麻制的礼帽，穿着绣有斧形花纹的礼服，从西阶上来。卿士和诸侯国君戴着麻制的礼帽，穿着黑色礼服，进入中庭，站在各自规定的位置上。太保、太史、太宗都戴着麻制的礼帽，穿着红色礼服。太保捧着大圭，太宗捧着酒杯和瑁，从东阶上来。太史捧着策书，从西阶上来，迎着康王宣读策书。太史说："大王靠着玉几，宣布他的临终遗命，他命令您继承文王、武王的遗训，登上王位治理周国，遵守大法，协和天下，来宣扬文王、武王的明训。"康王拜了两拜，起来，回答说："我这个微不足道的小子，如何能治理天下而敬畏天威呢？"

康王接受酒杯和瑁。慢走三步，祭酒三次，洒酒三次。太宗说："请喝酒！"康王喝酒后，太保接过酒杯，走下堂，洗过手，用另一种酒杯，捧着玉璋，答谢康王，然后把酒杯交给宗人，对康王下拜，康王也回拜。太保又从宗人那里接过酒杯，祭酒，尝酒，洒酒，然后把酒杯交给宗人，又对康王下拜。康王又回拜。太保走下堂，撤去陈设仪仗，祭礼结束。诸侯卿士们都走出祖庙门，恭候康王。

康王之诰第二十五

原文

康王既尸[①]天子，遂诰[②]诸侯，作《康王之诰》。

王出，在应门[3]之内，太保率西方诸侯入应门左，毕公率东方诸侯入应门右，皆布乘黄朱[4]。宾称奉圭兼币[5]，曰："一二臣卫，敢执壤奠[6]。"皆再拜稽首。王义嗣[7]，德[8]答拜。

太保暨芮伯咸进，相揖[9]。皆再拜稽首曰："敢敬告天子，皇天改大邦殷之命，惟周文武诞受羑若[10]，克恤西土。惟新陟[11]王毕协赏罚，戡定厥功，用敷遗后人休。今王敬之哉！张皇[12]六师，无坏我高祖寡[13]命。"

王若曰："庶邦侯甸男卫，惟予一人钊报诰。昔君文武丕平，富不务咎[14]，底至齐信[15]，用昭明于天下。则亦有熊罴之士，不二心之臣，保乂王家，用端命[16]于上帝。皇天用训厥道，付畀四方。乃命建侯树屏[17]，在[18]我后之人。今予一二伯父尚胥暨顾，绥[19]尔先公之臣服于先王。虽尔身在外，乃心罔不在王室，用奉[20]恤厥若，无遗鞠子[21]羞！"

群公既皆听命，相揖，趋出。王释[22]冕，反，丧服。

注释

①尸：担任，承担。

②诰：告诫，诰令。

③应门：指古代王宫的正门。

④布乘黄朱：指穿着绣有花纹的礼服和黄朱色的蔽膝。布乘：疑为"黼黻（fǔ fú）"之误。黼黻，泛指礼服上所绣的华美花纹。黄朱：指黄朱色的蔽膝。

⑤宾：通"傧"，接引客人。称：呼告。

⑥壤：土地。这里指土产。奠：献。

⑦义嗣：指根据礼仪辞谢。

⑧德：升。

⑨相揖：指拱手行礼。

⑩羑若：指大道，天道。羑：通“猷”，道。若：语气助词。

⑪陟：升遐，升天。指帝王去世。

⑫张皇：指扩大，壮大。

⑬寡：大。

⑭富：厚。这里指仁厚。咎：过失。这里指刑罚。

⑮厎：致。齐信：指中正诚信。

⑯端命：指正命。

⑰屏：保护。

⑱在：考察。这里指眷顾。

⑲绥：通“绥（ruí）”，继承。

⑳奉：助。

㉑鞠子：指稚子。康王自谦之词。

㉒释：解去，脱出。

译文

周康王登上天子之位后，就诰命诸侯。史官记录这件事，作了《康王之诰》。

康王走出祖庙，来到应门内。太保召公率领西方的诸侯进入应门左侧，毕公率领东方的诸侯进入应门右侧，他们都穿着绣有花纹的礼服和黄朱色的蔽膝。负责迎送宾客的官员传呼进献命圭和贡品，诸侯上前说：“一两个王室的护卫，冒昧地拿着土产来进献给大王。”诸侯们都拜了两拜并叩头。康王按照礼仪辞谢，然后升位答拜。

太保召公和芮伯都走上前，互相作揖。而后都向康王拜了两拜并叩头，说：“恭敬地禀告天子，伟大的天帝更改了大国殷的国运，我们周国的文王、武王大受天命，能够抚慰西方的百姓。刚逝世的成王，赏罚完全合宜，能够成就功业，因此把福泽普遍地留给我们后人。现在大王要谨慎啊！要扩张王朝的六军，不要败坏我们高祖的大命。”

康王这样说：“侯、甸、男、卫各服的诸侯，现在我姬钊答复你们的教导。先君文王、武王很公平，仁厚慈爱，不滥施刑罚，致力于实行中正诚信的德政，因此他们的光辉普照天下。还有像熊罴一样勇武的将士、没有二心的大臣，安定治理我们的国家，因此，我们才从天帝那里接受端正天下的命令。上天顺从先王的治国之道，把天下托付给先王。于是先王就下令分封诸侯，树立护卫的屏障，来眷顾我们后代子孙。现在我的几位伯父还互相爱护顾念王室，继续像你们的祖先臣服于先王那样。虽然你们身在朝廷之外，但你们的心不能不在王室，要辅助我考虑使国家安定的方法，不要把羞辱留给我！”

众位诸侯大臣听完王命后，互相作揖，快步走出。康王脱掉礼服，返回守丧的侧室，穿上丧服。

毕命第二十六

原 文

康王命作册毕[①]，分居里[②]，成[③]周郊，作《毕命》。

惟十有二年，六月庚午，朏。越三日壬申，王朝步自宗周，至于丰。以成周之众，命毕公保厘[④]东郊。

王若曰：“呜呼！父师，惟文王、武王敷大德于天下，用克受殷命。惟周公左右先王，绥定厥家，毖[⑤]殷顽民，迁于洛邑，密迩王室，式化厥训。既历三纪[⑥]，世变风移，四方无虞[⑦]，予一人以宁。道有升降[⑧]，政由俗革，不臧厥臧[⑨]，民罔攸劝。惟公懋德，克勤小物，弼亮[⑩]四世，正色[⑪]率下，罔不祗师言。嘉绩多于先王，予小子垂拱仰成。”

王曰：“呜呼！父师，今予祗命公以周公之事，往哉！旌别淑慝[12]，表[13]厥宅里，彰善瘅[14]恶，树之风声。弗率训典，殊厥井疆[15]，俾克畏慕。申画郊圻[16]，慎固封守[17]，以康四海。政贵有恒，辞尚体要[18]，不惟好异[19]。商俗靡靡[20]，利口[21]惟贤，余风未殄，公其念哉！我闻曰：'世禄之家，鲜克由礼，以荡陵[22]德，实悖[23]天道。敝化奢丽[24]，万世同流[25]。'兹殷庶士，席宠[26]惟旧，怙[27]侈灭义，服美于人。骄淫矜侉[28]，将由恶终。虽收放心，闲[29]之惟艰。资富能训，惟以永年。惟德惟义，时乃大训。不由古训，于何其训？"

王曰："呜呼！父师，邦之安危，惟兹殷士。不刚不柔，厥德允修。惟周公克慎厥始，惟君陈克和厥中，惟公克成厥终。三后协心，同厎于道，道洽[30]政治，泽润生民，四夷左衽[31]，罔不咸赖，予小子永膺多福。公其惟时成周，建无穷之基，亦有无穷之闻。子孙训其成式，惟乂。呜呼！罔曰弗克，惟既[32]厥心；罔曰民寡，惟慎厥事。钦若先王成烈，以休于前政。"

注 释

①毕：指毕公。后脱"公"字。

②分居里：指区别居里疆界。

③成：安定。

④保厘：指保护扶持使之安定。

⑤毖：教导，告诫。

⑥历三纪：指过了三十六年。历：经过。纪：记年方式，一纪指十二年。

⑦无虞：指没有忧患。

⑧升降：指好坏，盛衰。

⑨不臧厥臧：指不善待贤能的人。臧：善。

⑩弼亮：指辅佐。

⑪正色：指严肃的神色。

⑫旌：识别。淑慝：指善恶。

⑬表：标记。

⑭瘅（dàn）：憎恨。

⑮殊：分别，区别。井疆：指井邑的疆界。

⑯圻（qí）：疆界，地域。

⑰封守：指边防，封疆。

⑱体要：指切实而简要。

⑲好异：指喜好奇异。

⑳靡靡：比喻浮躁奢华。

㉑利口：指能言善辩。

㉒陵：侵犯，欺侮。

㉓悖：违反，违背。

㉔敝化奢丽：指腐败的风气，奢侈华丽。敝：破旧，坏。

㉕同流：指相类似。

㉖席宠：指倚仗先人的恩宠。席：凭借，倚仗。

㉗怙：依仗，凭借。

㉘矜侉（kuǎ）：即矜夸，夸耀自己的长处。

㉙闲：通“阑”。引申为约束。

㉚洽：和谐，融洽。

㉛左衽（rèn）：指前襟向左掩，我国古代部分少数民族的服装。衽：衣襟。

㉜既：尽。

译　文

周康王命令作册官册命毕公，让他区别居里疆界，安定周国王都的东郊洛邑。史官记录这件事，作了《毕命》。

康王十二年六月庚午日，月亮新放光明。到第三天壬申日，康王在早上从镐京出发，到达丰邑。至于洛邑的百姓，册命毕公到东郊去安抚治理。

康王这样说："啊！父师，因为文王、武王在天下普遍地施行大德，所以能够承受殷的王命。周公辅助先王，安定国家，告诫殷商的遗民，将他们迁徙到洛邑，使他们接近王室，因此他们被周公的训示感化了。从迁徙以来已经过了三十六年。世道变化，风俗转移，四方没有忧患，我觉得很安宁。世道有好坏，政治也随着风俗改变。如果不善待贤能的人，百姓就不能受到劝勉。您努力修养德行，能够忧劳小事，辅助了四代君王，严正地统领下属，臣下没有人不敬重您的言辞。您美好的功绩为先王所重视，我垂衣拱手，仰仗您的功绩。"

康王说："啊！父师，现在我把周公的重任恭敬地托付给您，您去吧！您要识别善恶，标记善人所居的闾里，表彰善良，疾恨邪恶，树立好的风气。有不遵循训示和常法的，分别划出他们的井田界限，使他们能够畏惧和敬慕。重新规划郊区的边界，谨慎地加固封疆守备，来安定四海。为政贵在有常法，言辞崇尚体现精要，不应该喜好奇异。商地旧俗喜好浮华，认为能言善辩就是贤德，这样的余风到现在也没有断绝，您要考虑这些事啊！我听说：'世代享有俸禄的人家，很少能够遵守礼法。用放荡的态度去欺凌有德的人，实在违背天道。腐败的风气，奢侈华丽，万代都相同。'这些殷商的士人们，依赖先人的荣宠已经很久了，依仗强大的权势，泯灭道义，服饰华美超过常人。他们骄傲放纵，矜能自夸，将会行恶终身。即使收敛了他们放纵的心，但约束他们还是很难。资财富足而能接受训示，就可以长寿。思虑道德仁义，这是天下的大训。不顺从古训，那还顺从什么呢？"

康王说："啊！父师，国家的安危，就在于这些殷商士人，不刚不柔，宽严相济，那德政就一定能施行。开始的时候，周公能够谨慎地治理；中间，君陈能够使他们和谐；最后，您要能够完成教化。三位君主同心协力，共同致力于教导，教导融洽，政事就能治理好，百姓就会受到润泽。四方被发左衽的各族民众，就没有不依赖你们的，我也会长久享受大福。您要治理好洛邑，建立无穷的基业，这样您也会有无穷的美名。后世子孙顺从您的成法，天下就治理好了。啊！不要说不能，要尽心尽力；不要说百姓少，要谨慎地做事。认真治理好先王的大业，使它比前人的政绩更加美好。"

君牙第二十七

原　文

穆王命君牙[①]，为周大司徒，作《君牙》。

王若曰："呜呼！君牙，惟乃祖乃父，世笃忠贞，服劳王家，厥有成绩，纪于太常[②]。惟予小子嗣守文、武、成、康遗绪，亦惟先正之臣，克左右乱四方。心之忧危，若蹈[③]虎尾，涉[④]于春冰。今命尔予翼[⑤]，作股肱心膂[⑥]，缵[⑦]乃旧服。无忝[⑧]祖考，弘敷五典，式和民则。尔身克正，罔敢弗正，民心罔中，惟尔之中。夏暑雨，小民惟曰怨咨[⑨]；冬祁寒[⑩]，小民亦惟曰怨咨。厥惟艰哉！思其艰以图其易，民乃宁。呜呼！丕显哉，文王谟！丕承哉，武王烈！启佑我后人，咸以正罔缺。尔惟敬明乃训，用奉若于先王，对扬[⑪]文、武之光命，追配[⑫]于前人。"

王若曰："君牙，乃惟由先正旧典时式，民之治乱在兹。率乃祖考之攸行，昭乃辟之有乂。"

注　释

①穆王：姬姓，名满。周昭王之子，西周第五位君主。在位五十五年，是西周在位时间最长的君王。君牙：人名。事不详。

②纪于太常：指记录在画有日月的旗子上。太常：画有日月的王家旌旗。

③蹈：踩。

④涉：行走。

⑤翼：帮助，辅佐。

⑥股肱心膂（lǚ）：指辅佐帝王的重臣。比喻得力助手与亲信。

⑦缵（zuǎn）：继续，继承。

⑧忝：羞辱，愧对。

⑨怨咨：亦作“怨訾”，怨恨嗟叹。

⑩祁寒：指严寒。祁：大。

⑪对扬：答谢，颂扬。

⑫追配：指与前人相匹敌，媲美。

译文

周穆王命令君牙担任周国的大司徒，写了册书，叫作《君牙》。

穆王这样说：“啊！君牙，你的祖父和你的父亲，世世代代纯厚忠正，服侍、效劳王家，很有功绩，这些事情都记录在画有日月的王家旌旗上。我继守文王、武王、成王、康王的遗业，也想要先王的臣子能够辅助我治理四方。我心里怀着忧虑危惧，就像踩着老虎尾巴，也像走在春天的冰上。现在我命令你辅助我，做我的得力助手与亲信，继续做你们先人的职事。不要让你的先祖蒙羞，广泛传布五常教化，用来作为和谐百姓的准则。你自身能端正，百姓就不敢不端正，民心不知道中正的标准，只考虑你的中正标准。夏天炎热大雨，百姓只是怨恨嗟叹；冬天严寒，百姓也只是怨恨嗟叹。治民艰难呀！你要想到他们的艰难，来谋求简单的治理办法，百姓才会安宁。啊！要大力显扬啊，文王的谋略！要大力继承啊，武王的功业！他们启示佑助我们后人，让我们都依从正道而没有缺失。你要谨慎地宣扬你的教训，来恭顺先王，弘扬文王、武王光辉的教令，与前人相匹敌。”

穆王这样说：“君牙，你当遵循先王的旧典善法，能否治理好百姓的关键，就在这里。你要遵循先祖的德行，昭明你君主的治国之道。”

冏命第二十八

原　文

穆王命伯冏[1]，为周太仆正[2]，作《冏命》。

王若曰："伯冏，惟予弗克于德，嗣先人宅丕后，怵惕惟厉[3]，中夜以兴[4]，思免厥愆。昔在文武，聪明齐圣，小大之臣，咸怀忠良。其侍御仆从，罔匪正人，以旦夕承弼厥辟，出入起居，罔有不钦；发号施令，罔有不臧。下民祗若，万邦咸休。惟予一人无良[5]，实赖左右前后有位之士，匡其不及[6]，绳愆纠缪[7]，格[8]其非心，俾克绍先烈。今予命汝作大正，正[9]于群仆侍御之臣，懋乃后德，交修不逮[10]。慎简乃僚，无以巧言令色[11]，便辟侧媚[12]，其惟吉士。仆臣正，厥后克正；仆臣谀[13]，厥后自圣。后德惟臣，不德惟臣。尔无昵[14]于憸人，充耳目之官[15]，迪上以非先王之典。非人其吉，惟货其吉。若时，瘝[16]厥官，惟尔大弗克祗厥辟，惟予汝辜。"

王曰："呜呼，钦哉！永弼乃后于彝宪。"

注　释

①伯冏：人名。事不详。

②太仆正：职务相当于太御，即"中大夫，掌管王辂之官"。

③怵惕：指恐惧警惕。厉：祸患，危险。

④中夜以兴：指半夜起来。

⑤无良：指不善，不好。

⑥匡：匡正。不及：指不够的地方。

⑦绳愆纠缪：指改正过失，纠正错误。绳：木工用的墨线，引申为按一定的标准去衡量、纠正。缪：通“谬”，错误。

⑧格：变革，纠正。

⑨正：领导。

⑩交修不逮：指共同修正不够的地方。逮：及。

⑪巧言令色：用动听的言语和伪善的面目取悦于人。

⑫便辟（pián pì）侧媚：指逢迎谄媚。便：熟习，巧于。辟：通“僻”，邪僻。侧媚：指用不正当的手段讨好别人。

⑬谀（yú）：奉承，谄媚。

⑭昵：亲近。

⑮耳目之官：指负责视听的亲近侍从之臣。

⑯瘝：旷废，败坏。

译文

周穆王命令伯冏担任周国的太仆正，史官写了册书，叫作《冏命》。

穆王这样说：“伯冏，我不能修养德行，继承先人处在大君的位置，恐惧会有危险，甚至半夜起来，思虑怎么避免过失。从前在文王、武王的时候，他们聪明、通达、圣明，大小臣子都怀着忠良之心。他们的侍御近臣，没有不是正直的人。他们早晚侍奉辅佐他们的君主，所以君主出入起居，没有不慎重的；发出的号令，没有不好的。百姓敬重顺从他们，天下万国也都和谐休美。我没有好的德行，实在要依赖左右前后的官员，匡正我的不足之处，纠正我的过错，端正我歪邪的思想，使我能够继承先王的功业。现在我任命你做太仆正，领导群仆、侍御的臣子，勉励你们的君主修养德行，共同修正我不足的地方。要慎重地选择你的部属，不要任用巧言令色、阿谀奉承的人，要任用贤良的士人。仆侍近臣正直，他们的君主就能正直；仆侍近臣谄媚，他们的君主就会自认为圣明。君主有德，在于臣子；君主失德，也在于臣子。你不要亲近奸邪小人，让他们充当近臣，来引导我违背先王的法度。如果不认为贤人是最好的，只是认为财富才是最好的，像这样，就会败坏自己的官职，就是你很不能敬重你的君主。我就要惩罚你。”

穆王说：“啊！要谨慎啊！要长久辅助你的君主实行常法。”

吕刑第二十九

原 文

吕命穆王训夏赎刑[1]，作《吕刑》。

惟吕命，王享国百年[2]，耄，荒[3]度作刑，以诰[4]四方。

王曰：“若古有训，蚩尤惟始作乱，延及于平民，罔不寇贼，鸱义[5]奸宄，夺攘矫虔[6]。苗民弗用灵[7]，制以刑，惟作五虐之刑曰法。杀戮无辜，爰始淫为劓、刵、椓、黥[8]。越兹丽刑并制[9]，罔差有辞[10]。民兴胥渐[11]，泯泯棼棼[12]，罔中于信，以覆诅盟[13]。虐威庶戮，方[14]告无辜于上。上帝监民，罔有馨香德，刑发闻惟腥。皇帝哀矜庶戮之不辜，报虐以威，遏绝苗民，无世在下。乃命重、黎[15]，绝地天通[16]，罔有降格[17]。群后之逮[18]在下，明明棐常[19]，鳏寡无盖[20]。皇帝清问下民鳏寡有辞于苗[21]。德威惟畏，德明惟明。乃命三后[22]，恤功于民。伯夷降典，折[23]民惟刑；禹平水土，主名山川；稷降播种，农殖嘉谷。三后成功，惟殷于民。士[24]制百姓于刑之中，以教祗德。穆穆在上，明明在下，灼[25]于四方，罔不惟德之勤，故乃明于刑之中，率乂于民棐彝。典狱非讫[26]于威，惟讫于富。敬忌，罔有择言[27]在身。惟克天德，自作元命，配享在下。”

王曰：“嗟！四方司政典狱，非尔惟作天牧？今尔何监[28]？非时伯夷播[29]刑之迪？其今尔何惩？惟时苗民匪察于狱之丽，罔择吉人，观于五刑之中；惟时庶威夺货，断制五刑，以乱无辜，上帝不蠲[30]，降咎于苗，苗民无辞于罚，乃绝厥世。”

王曰：“呜呼！念之哉。伯父、伯兄、仲叔、季弟、幼子、童孙，皆听朕言，庶有格命。今尔罔不由慰曰勤，尔罔或戒不勤。天齐于民，俾我一日[31]，非终惟终，在人。尔尚敬逆天命，以奉我一人！虽畏勿畏，虽休勿休。惟敬五刑，以成三德。一人有庆[32]，兆民赖[33]之，其宁惟永。”

注 释

①命：告。这里指劝说。训：顺从。这里指沿用。赎刑：指以财物赎罪。

②百年：虚数。指时间久。

③荒：大。

④诘：禁。

⑤鸱（chī）义：指丧失天良的行为。

⑥夺攘矫虔：指抢夺偷盗，诈骗强取。攘：偷。矫虔：诈称上命强夺他人财物。

⑦灵：通“令”，政令。

⑧椓（zhuó）：指宫刑。黥（qíng）：指刺面。

⑨越兹：于是。并：废弃。

⑩罔差有辞：指不区分有罪还是无罪。差：区别。

⑪渐：欺诈。

⑫泯泯棼（fén）棼：亦作“泯泯芬芬”，纷乱的样子。

⑬覆：反，背。诅盟：指誓约。

⑭方：通“旁”，普遍。

⑮重、黎：人名。相传上古颛顼时，重主持天神，黎主持臣民。

⑯绝地天通：指禁止民众和天神相互感通的法术。

⑰降格：指升降交往。格：通“假”，升。

⑱逮：及。这里指相继。

⑲明明棐常：指重用贤德的人，扶持常道。

⑳盖：遮蔽，掩盖。

㉑皇帝：指尧帝。问：通“闻”，听到。

㉒三后：指下文的伯夷、禹、稷三位臣子。

㉓折：判断，裁决。

㉔士：古代指掌管刑狱的官员。

㉕灼：照亮。

㉖讫：止。

㉗择言：指败言或不合法度的议论。择：通“斁（dù）”，败坏。

㉘监：效法。

㉙播：传布。这里指施行。

㉚蠲：通“捐”，去除。这里指赦免。

㉛一日：指暂时。

㉜庆：福泽。有幸的事。

㉝赖：得益，赢利。

译 文

吕侯劝告周穆王沿用夏国的赎刑，史官记录这件事，写了《吕刑》。

吕侯受命时，穆王在位已经很久，年纪也已经很大了，还是广泛谋求制定刑法，来禁戒天下。

穆王说：“古代有训示，蚩尤开始作乱，延及平民百姓，他们无不寇掠贼害，败坏道义，内外作乱，抢夺偷盗，诈骗强取。苗民不遵守政令，就用刑罚制服他们，制定了五种酷刑作为法律。杀害无罪的人，开始过分地使用劓、刵、椓、黥等刑罚。于是滥施刑罚，抛弃法制，不区分有罪还是无罪。苗民开始互相欺诈，纷纷乱乱，没有诚信，以至于背叛誓约。残酷的刑罚使众多的人受到侮辱，他们都向上天申告自己无罪。天帝考察苗民，没有芬芳的德政，刑法所发散的只有腥气。伟大的天帝哀怜众多受到侮辱的无罪的人，就用威罚报复残暴的人，灭绝残暴的苗民，使他们没有后嗣留在世间。又命令重和黎，禁止民众和天神相互感通的法术，神灵与民众就不能升降往来了。之后继承的君主，都重用贤德的人，扶持常道，使孤苦无依的人不会被遮蔽。尧帝清楚地听到百姓和孤苦无依的人对苗民的怨言。于是提拔贤人，贤人所惩罚的，众人都畏服；贤人所尊重的，众人都尊重。而后命令三位大臣，为百姓的事务忧思操劳。伯夷颁布法典，用法律来裁决百姓的案件；大禹平治水土，负责名山大川；后稷教民播种，努力种植庄稼。这三位大臣完成功业，百姓就富足了。士师又用公正的刑罚约束百官，教导臣民敬重德行。尧帝恭敬在上，三位大臣努力做事在下，光辉照耀四方，没有人不勤奋修德，所以能明白刑罚的中正公平，能用常法辅佐治理百姓。主管刑罚的官员，不是结束在施加惩罚上，而是结束在仁厚上。要恭敬警戒，自身不发表不合法度的言论。他们肩负上天仁爱的美德，自己造就了好命，所以能在百姓祭祀上天时配享。”

穆王说：“啊！四方主持政事的诸侯，你们不是做上天的治民官吗？现在，你们效法什么呢？难道不是这伯夷施行刑罚的道理吗？现在你们要用什么惩罚呢？就是苗民不详察刑狱施行，不选择善良的人，监察五刑是否公正；就是利用威势、掠夺财物的人，裁决五刑，乱罚无罪的人，天帝不会赦免，降下灾祸给苗民，苗民对上帝的惩罚没有话来申辩，于是断绝了他们的后嗣。”

穆王说：“啊！你们要记住啊。伯父、伯兄、仲叔、季弟以及年幼的子孙们，都听从我的话，或许可以享有大命。现在你们没有人不安慰自己说已经很勤劳了，你们没有人告诫自己尚不够勤劳。上天治理百姓，使我们暂时掌管国家，成与不成，完全在人。希望你们恭敬地接受天命，来辅助我！即使遇到可怕的事，也不要害怕；即使可以休息，也不要休息。要谨慎地使用五刑，养成这三种德行。一个人做了好事，万民都能得到好处，国家的安宁就会长久了。”

原 文

王曰："吁！来，有邦有土，告尔祥刑。在今尔安百姓，何择，非人？何敬，非刑？何度[1]，非及[2]？两造[3]具备，师听五辞[4]。五辞简孚[5]，正于五刑。五刑不简，正于五罚；五罚不服，正于五过。五过之疵[6]：惟官，惟反，惟内，惟货，惟来[7]。其罪惟均，其审克[8]之！五刑之疑有赦，五罚之疑有赦，其审克之！简孚有众，惟貌有稽[9]。无简不听，具严天威。墨辟疑赦，其罚百锾[10]，阅[11]实其罪。劓辟疑赦，其罪惟倍[12]，阅实其罪。剕辟疑赦，其罚倍差[13]，阅实其罪。宫辟疑赦，其罚六百锾，阅实其罪。大辟疑赦，其罚千锾，阅实其罪。墨罚之属[14]千，劓罚之属千，剕罚之属五百，宫罚之属三百，大辟之罚其属二百。五刑之属三千。上下比[15]罪，无僭[16]乱辞，勿用不行[17]，惟察惟法，其审克之！上刑适轻，下服[18]；下刑适重，上服。轻重诸罚有权[19]。刑罚世轻世重，惟齐[20]非齐，有伦有要。罚惩非死，人极[21]于病。非佞[22]折狱，惟良折狱，罔非在中。察辞于差[23]，非从惟从。哀敬折狱，明启刑书胥占[24]，咸庶中正。其刑其罚，其审克之。狱成而孚，输[25]而孚。其刑上备[26]，有并两刑。"

王曰："呜呼！敬之哉！官伯族姓，朕言多惧。朕敬于刑，有德惟刑。今天相民，作配在下。明清于单辞，民之乱，罔不中听狱之两辞，无或私家于狱之两辞！狱货[27]非宝，惟府[28]辜功，报以庶尤[29]。永畏惟罚，非天不中，惟人在命。天罚不极，庶民罔有令政在于天下。”

王曰：“呜呼！嗣孙，今往何监，非德？于民之中，尚明听之哉！哲[30]人惟刑，无疆之辞，属[31]于五极，咸中有庆。受王嘉师[32]，监[33]于兹祥刑。”

注释

①度：考虑，谋划。

②及：宜。

③两造：指有关争讼的双方当事人。

④师：指主持诉讼的官员。听：治理，审理。

⑤简孚：指核实验证。

⑥疵：缺点，弊病。

⑦惟官，惟反，惟内，惟货，惟来：指法官畏惧权势，报恩怨，包庇内亲，索取贿赂，受人请托。

⑧克：通“核”，实。

⑨惟貌有稽：指审理案件要有共同办案的人。貌：治。稽：同。

⑩锾（huán）：古代重量单位，或说等于六两，或说等于六两半。

⑪阅：审核。

⑫倍：指上文百锾的一倍，即两百锾。

⑬倍差：指上文两百锾再加倍再一半，即五百锾。

⑭属：指刑罚的条目。

⑮比：比照。

⑯僭：差错。

⑰不行：指已经废除的法律。

⑱服：使用。

⑲权：变通。

⑳齐：同。

㉑极：痛苦。

㉒佞：善辩，巧言谄媚。

㉓差：差别。这里指矛盾的地方。

㉔占：估计，揣度。

㉕输：变更。

㉖其刑上备：指刑罚贵在慎重。

㉗狱货：指断案时收受贿赂。

㉘府：取。

㉙庶尤：指众人的怨恨。

㉚哲：通“折”，治理。

㉛属：符合。

㉜嘉师：指善良百姓。

㉝监：重视。

译　文

穆王说：“啊！来吧，诸侯国君和各位大臣，我告诉你们什么是好的刑罚。现在你们安定百姓，要选择什么呢，难道不是吉人吗？要谨慎什么呢，难道不是刑罚吗？要考虑什么呢，难道不是判断适宜吗？原告和被告都来齐了，法官就审查五刑的讼词；如果讼词核实可信，就用五刑来惩治。如果不符合五刑，就用五罚来惩治；如果不能用五罚处理，就用五过来惩治。五过的弊端是：法官畏惧权势，报恩怨，包庇内亲，索取贿赂，受人请托。如果有这些罪过，那法官的罪就与罪犯相同，你们要详细查实啊！根据五刑定罪的疑案有赦免的，根据五罚定罪的疑案有赦免的，要详细查实啊！要在众人中核实验证，审理案件也要有共同办案的人。没有核实过的不能治罪，应当共同敬畏上天的威严。判处墨刑有疑问，可以从轻处罚，罚金一百锾，核实他的罪行。判处劓刑有疑问，可以从轻处罚，罚金二百锾，核实他的罪行。判处剕刑有疑问，可以从轻处罚，罚金五百锾，核实他的罪行。判处宫刑有疑问，可以从轻处罚，罚金六百锾，核实他的罪行。判处死刑有疑问，可以从轻处罚，罚金一千锾，核实他的罪行。墨罚的条目有一千，劓罚的条目有一千，剕罚的条目有五百，宫罚的条目有三百，死罪的刑罚条目有两百。五种刑罚的条目共有三千。要上下比照罪行，不要错乱供词，不要采取已经废除的法律，要明察，要依据法度，要核实啊！重刑适宜减轻的，就减一等处治；轻刑适宜加重的，就加一等处治。刑罚的轻重都可以变通。刑罚还要根据社会情况决定，相同或不相同，都有它的条理和纲要。刑罚虽然不会让人死去，但受刑罚的人感到比重病还痛苦。不要用巧辩的人裁决案件，要用贤良的人审理案件，这样就没有不公正的。从矛盾的地方考察供词，不服从的犯人也会服从。应当怀着哀怜的心情审判案件，公开地考察刑书，互相斟酌，都要把公正作为标准。应该用刑还是用罚，要详细察实啊！案件判定了，要让人们信服；改变判决，也要让人们信服。刑罚贵在慎重，有时也可以把两种罪行合并考虑，只罚一种。”

穆王说：“啊，要谨慎啊！诸侯国君以及同姓官员们，要多多戒惧我说的话。我重视刑罚，对百姓有德惠的也是刑罚。现在上天扶助民众，你们在下面要配合天意。要明察一边的言辞，治理百姓，没有不在于公正地审理双方的诉讼词，不要对诉讼双方的诉词贪图私利啊！诉讼时接受的贿赂不是珍宝，它只会使你自取犯罪，我将以众人犯罪来论处。永远可畏的是惩罚，不是上天不公平，只是人们自己终结天命。上天的惩罚不加到他们身上，百姓就不能在天下享有美好的政治了。”

穆王说：“啊！子孙们，从今以后，我借鉴什么呢？难道不是美德吗？对于百姓案情的判决，要明察啊！治理百姓要运用刑罚，使无穷无尽的讼辞符合五刑，都能公正适当，那就会有福泽。你们接受治理我的善良百姓，就要重视这种好的刑罚啊！”

文侯之命第三十

原　文

平王锡晋文侯秬鬯、圭瓒[1]，作《文侯之命》。

王若曰：“父义和！丕显文、武，克慎明德，昭升于上，敷闻在下；惟时上帝，集厥命于文王。亦惟先正克左右昭事厥辟，越小大谋猷罔不率从，肆先祖怀[②]在位。呜呼！闵[③]予小子嗣，造[④]天丕愆。殄资泽于下民，侵戎我国家纯[⑤]。即[⑥]我御事，罔或耆寿俊在厥服，予则罔克。曰惟祖惟父，其伊[⑦]恤朕躬！呜呼！有绩[⑧]予一人永绥在位。父义和！汝克绍乃显祖，汝肇刑文、武，用会绍乃辟，追孝于前文人。汝多修，扞[⑨]我于艰，若汝，予嘉。”

王曰：“父义和！其归视尔师，宁尔邦。用赉尔秬鬯一卣，彤弓一，彤矢百，卢[⑩]弓一，卢矢百，马四匹。父往哉！柔远能迩，惠康小民，无荒宁。简[⑪]恤尔都，用成尔显德。”

注　释

①平王：姬姓，名宜臼，周幽王姬宫涅之子，为东周第一任君主。晋文侯：姬姓，名仇，晋穆侯之子，晋国第十一任国君。他辅佐周平王东迁，诛杀周携王，为东周初年的局势稳定作出很大贡献，深得周平王的倚重。圭瓒（zàn）：古代的一种玉制酒器，形状如勺，以圭为柄，用于祭祀。

②怀：安。

③闵：通“悯”，怜恤，哀伤。

④造：遭遇。

⑤侵戎：指侵犯。纯：大。这里指多。

⑥即：当下，目前。

⑦伊：句中语气助词。

⑧绩：成。

⑨扞：保护。

⑩卢：黑色。

⑪简：专心致志。

译　文

周平王赐给晋文侯黍米酒、圭瓒。史官记录这件事，写了《文侯之命》。

平王这样说："族父义和啊！伟大光明的文王和武王能够谨慎地施行德政，使美德升至天上，名声流传天下。于是天帝降下天命给文王。也因为先王的官员能够辅佐、服侍他们的君主，对于君主的大小谋略没有不遵从的，因此先祖能够安然在位。啊！可怜我这年轻人继承王位，遭到了上天的大灾祸。没有财物福泽施与百姓，侵犯我们国家的人很多。现在我的治事大臣，没有年老有德的人担任官职，我就不能胜任了。祖辈和父辈的诸侯国君，希望你们能替我分忧啊！啊！果然有促成我长久安享王位的人了。族父义和啊！您能够继承您的伟大先祖唐叔，您开始效法文王、武王，来会合诸侯继承您的先祖，对您的先祖追怀尽孝。您有很多优点，在困难的时候保卫了我，像您这样的人，我要嘉奖。"

平王说："族父义和啊！希望您回去治理您的军队，安定您的国家。现在我赐给您黍米酒一卣，红色的弓一张，红色的箭一百支，黑色的弓一张，黑色的箭一百支，以及四匹马。您回去吧！安抚远方，亲善近邻，爱护安定百姓，不要荒废政事、贪图安逸。一心安抚您的国家，来成就您显著的德行。"

费誓第三十一

原　文

鲁侯伯禽[①]宅曲阜，徐、夷并兴[②]，东郊不开[③]。作《费誓》。

公曰："嗟！人无哗[4]，听命。徂[5]兹淮夷、徐戎并兴。善敹[6]乃甲胄，敿[7]乃干，无敢不吊！备乃弓矢，锻[8]乃戈矛，砺[9]乃锋刃，无敢不善！今惟淫舍牿牛马[10]，杜乃擭[11]，敜乃阱[12]，无敢伤牿。牿之伤，汝则有常刑！马牛其风[13]，臣妾[14]逋逃，勿敢越逐[15]，祗复之，我商[16]赉尔。乃越逐不复，汝则有常刑！无敢寇攘，逾垣墙[17]，窃马牛，诱[18]臣妾，汝则有常刑！甲戌，我惟征徐戎。峙乃糗粮[19]，无敢不逮[20]；汝则有大刑！鲁人三郊三遂[21]，峙乃桢干[22]。甲戌，我惟筑，无敢不供；汝则有无余刑[23]，非杀。鲁人三郊三遂，峙乃刍茭[24]，无敢不多；汝则有大刑！"

注 释

①鲁侯伯禽：姬姓，名禽，伯是其排行，尊称禽父。周公旦长子，周朝诸侯国鲁国第一任国君。

②徐、夷并兴：指徐戎、淮夷一起发动叛乱。

③开：通。

④哗：人声嘈杂，喧闹。

⑤徂：通"且"，今。

⑥敹（liáo）：缝缀。

⑦敿（jiǎo）：系，连。

⑧锻：锻造。

⑨砺：磨。

⑩淫舍：指大放。舍：放弃。牿（gù）：关养牛马的圈。

⑪杜：关门，封闭。擭（huò）：装有机关的捕兽木笼。

⑫敜（niè）：堵塞，封闭。阱：捕捉野兽而挖的坑。

⑬风：走失。

⑭臣妾：指服贱役的奴仆，男为臣，女为妾。

⑮越逐：指离开队伍去追赶。

⑯商：通“赏”，赐。

⑰逾垣墙：指翻过围墙。垣：矮墙，墙。

⑱诱：诱骗。

⑲峙（zhì）：储备。糗（qiǔ）粮：指干粮。

⑳逮：及。

㉑三郊三遂：泛指郊区。城市的近郊曰“郊”，远郊曰“遂”。

㉒桢干：指古代筑墙时所用的木柱。竖在两端的叫“桢”，竖在两旁的叫“干”。

㉓无余刑：当为“无舍刑”，指终身都受到刑罚。

㉔刍茭：指干草。牛马的饲料。

译文

鲁侯伯禽住在曲阜，徐戎、淮夷一起发动叛乱，鲁国的东郊不安宁，道路不通。鲁侯将要去征伐，写了《费誓》。

鲁公说：“喂！大家不要喧哗，听从我的命令。现在淮夷、徐戎一起发动叛乱。你们要好好地缝缀铠甲头盔，系好盾牌，不准不做好这些事！准备好你们的弓箭，锻造好你们的戈矛，磨利你们的锋刃，不准不做好这些事！现在要大放圈中的牛马，收起你们捕兽的工具，填塞你们捕兽的陷阱，不要伤害牛马。牛马受了伤，你们就要受到常刑！牛马走失了，男女奴仆逃跑了，不准离开队伍去追赶。得到走失的牛马与逃跑的奴仆，要恭敬地送还给原主，那我就会赏赐你们。如果你们离开队伍去追赶或者得到后不还给原主，那你们就要受到常刑！不准抢夺偷盗，翻越围墙，偷窃马牛，拐骗别人的男女奴仆，否则你们都要受到常刑！甲戌日，我们要去征伐徐戎。准备好你们的干粮，不准不到；如果不到，你们就要面临死刑！我们鲁国郊区的人，要准备好你们的筑墙木板。甲戌日，我们要修筑营垒，不准不供给；如果不供给，你们将终身受到刑罚，只是不杀你们的头罢了。我们鲁国郊区的人，要准备好你们的干草，不准不充足；如果不充足，你们就要面临死刑！”

秦誓第三十二

原　文

秦穆公[1]伐郑，晋襄公帅师败诸崤[2]，还归，作《秦誓》。

公曰："嗟！我士，听无哗！予誓告汝群言之首[3]。古人有言曰：'民讫[4]自若，是多盘[5]。'责人斯无难，惟受责俾如流，是惟艰哉！我心之忧，日月逾迈[6]，若弗云来[7]。惟古之谋人，则曰未就予忌[8]；惟今之谋人，姑[9]将以为亲。虽则云然，尚猷询兹黄发[10]，则罔所愆。番番[11]良士，旅力既愆[12]，我尚有之；仡仡[13]勇夫，射御不违，我尚不欲。惟截截善谝言[14]，俾君子易辞[15]，我皇多有之！昧昧[16]我思之，如有一介臣，断断猗无他技[17]，其心休休[18]焉，其如有容。人之有技，若己有之。人之彦圣，其心好之，不啻[19]若自其口出。是能容之，以保我子孙黎民，亦职[20]有利哉！人之有技，冒疾[21]以恶之。人之彦圣，而违之俾不达，是不能容，以不能保我子孙黎民，亦曰殆哉！邦之杌陧[22]，曰由一人；邦之荣怀，亦尚一人之庆。"

注　释

①秦穆公：嬴姓，赵氏，名任好。秦德公少子，秦宣公、秦成公之弟。为春秋五霸之一。

②晋襄公：姬姓，名欢。晋文公之子。崤（xiáo）：山名，是古代军事要地。

③群言之首：指最重要的话。

④讫：尽，都。

⑤盘：通“般”，邪僻。

⑥日月逾迈：指时光流逝。

⑦若：就。云：句中语气助词。

⑧忌：畏惧。

⑨姑：姑且。

⑩尚猷：指还，仍然。猷：通“犹”，还要。黄发：指老人。

⑪番番：多形容白发。番：通“皤（pó）”，形容白色。

⑫旅力：即膂力，指体力。愆：通“骞”，亏，损。

⑬仡（yì）仡：形容健壮勇武的样子。

⑭截截：形容浅薄的样子。谝（piǎn）言：指巧言。

⑮易辞：指容易被迷惑。辞：当作“怠”，指疑惑。

⑯昧昧：形容沉思的样子。

⑰断断：形容专诚守一。猗（yī）：语气助词。

⑱休休：形容宽容，气魄大。

⑲啻：只。

⑳职：当作“尚”，指庶几，或许。

㉑冒疾：指妒忌。冒：通“媢（mào）”，嫉妒。疾：通“嫉”。

㉒杌陧（wù niè）：形容动摇不安的样子。

译　文

秦穆公去讨伐郑国，晋襄公率领军队在崤山大败秦军，被俘的秦国将领回到秦国，穆公悔过，作了《秦誓》。

穆公说：“喂！我的官员们，听从我的话，不要喧哗！我有重要的话要告诫你们。古人有句话说：‘人都顺从自己，就会多出差错。’责备别人不是难事，只有受到责备而能像流水一样地顺从，这才困难啊！我内心的忧虑，在于时间过去了就不再回来了。以前的谋臣，却说还没靠近我就感到害怕；现在的谋臣，我姑且把他们当作亲近的人。虽然这样说，我还是要请教年纪大的人，才不会有失误。白发苍苍的贤良士人，体力已经衰弱了，我还是亲近他们。强壮勇猛的武士，射箭和驾车的本领都不错，我还是不喜欢。那些浅薄善辩的人，会使君子受到迷惑，我却很亲近他们！我暗暗思量着，如果有一个官员，诚实专一而没有别的技能，他的内心宽广博大。别人有技能，就像自己有一样。别人贤德圣明，他心里喜欢，不仅仅只是口头称道。这样的人能够宽容别人，任用他来保护我的子孙百姓，或许也会有好处啊！别人有技能，就妒忌厌恶他。别人贤德圣明，却阻挠他，使他的见解不能上达君主。这样的人不能宽容别人，任用他不能保护我的子孙百姓，就会危险啊！国家的危险不安，由于一人；国家的繁荣安定，也常是由于一人的善良啊！”

图书在版编目（CIP）数据

尚书 / 胡亚军译注 . — 南昌 : 二十一世纪出版社
集团 , 2016.4
（线装中华国粹系列）
ISBN 978-7-5391-7467-9

Ⅰ . ①尚… Ⅱ . ①胡… Ⅲ . ①中国历史—商周时代②
《尚书》—译文③《尚书》—注释 Ⅳ . ① K221.04

中国版本图书馆 CIP 数据核字 (2016) 第 030335 号

尚　书　　胡亚军　译注

策　　划　张秋林
责任编辑　周向潮　张波虹
出版发行　二十一世纪出版集团（江西省南昌市子安路 75 号　330009）
www.21cccc.com　cc21@163.net
出 版 人　张秋林
经　　销　全国各地书店
印　　刷　南昌市印刷十二厂有限公司
版　　次　2016年4月第1版　2016年4月第1次印刷
印　　数　0001 ~ 15000册
开　　本　787mm × 1092mm　1/16
印　　张　17
字　　数　252 千字
书　　号　ISBN 978-7-5391-7467-9
定　　价　24.90 元

赣版权登字—04—2016—87